Nick Harper
Wie man alles repariert

Nick Harper

WIE MAN ALLES REPARIERT

IN FREIZEIT, HAUS UND GARTEN

Aus dem Englischen von Hubert Mania

Anaconda

Titel der englischen Originalausgabe:
How to Repair Everything. A Green Guide to Fixing Stuff.
Published in Great Britain by Michael O'Mara Books Limited, London
Copyright © Nick Harper 2009, 2020
Illustrations Copyright © David Woodroffe 2009, 2020

Penguin Random House Verlagsgruppe FSC® N001967

Die Deutsche Nationalbibliothek verzeichnet diese Publikation in der
Deutschen Nationalbibliografie; detaillierte bibliografische Daten
sind im Internet unter http://dnb.d-nb.de abrufbar.

Lizenzausgabe mit freundlicher Genehmigung
© dieser Ausgabe 2021 by Anaconda Verlag, einem Unternehmen der
Penguin Random House Verlagsgruppe GmbH, Neumarkter Straße 28, 81673 München
Alle Rechte vorbehalten.
Umschlagmotive: Alle Shutterstock: Hammer: gresei / Nägel: Lukas Gojda / Schere: ajt
/ Büroklammer: Melinda Fawver / Pinsel: ILYA AKINSHIN / Kleber: Petlia Roman / Akku-
bohrer: Sebastian Enache / Nadel und Faden: pukach / Klebeband: Anton Starikov /
Wasserpumpenzange: maksimee / Cutter: WonderSTudio / Duct Tape: xpixel
Umschlaggestaltung: büropecher, Köln
Satz und Layout: Achim Münster, Overath
Druck und Bindung: CPI books GmbH, Leck
ISBN 978-3-7306-0953-8

www.anacondaverlag.de

Inhalt

Einleitung

Wie Ihnen sicher längst aufgefallen ist, leben wir in einer Welt maßloser Verschwendung. In dieser Welt werfen wir ein Ding, das irgendwann nicht mehr tadellos funktioniert, einfach weg und kaufen es neu. Und wenn auch dieses Ding notgedrungen nicht mehr so gut funktioniert wie im Neuzustand, werfen wir es wiederum weg und schaffen es neu an. Und so bewegen wir uns scheinbar aussichtslos in einem Teufelskreis.

Der Toaster, der nicht mehr toastet, die Sonnenbrille mit dem hässlichen Kratzer auf dem Glas, der sonst so zuverlässige alte Schuh, in den jetzt Regenwasser eindringt: Als wir uns lauthals über sie beschwerten und sie wegwarfen, machten wir uns schuldig und trugen dazu bei, dass die Mülldeponien von Jahr zu Jahr größer wurden.

Aber wie wäre es, einfach mal innezuhalten und sich vorzunehmen, das »kaputte Zeug« zu reparieren, statt alles wegzuwerfen und ständig etwas Neues zu kaufen? Ihre Geschirrspülmaschine kann nämlich wieder wunderbare Ergebnisse erzielen, wenn Sie die Sprüharme von dem ganzen Kalk und Schmutz befreit haben, der sich dort angesammelt hat. Der Kratzer auf Ihrer Sonnenbrille braucht lediglich einen mit etwas Watte aufgetragenen Klecks Zahnpasta. Und der Schuh kann wieder so gut wie neu sein, wenn Sie ihm nur einen Streifen wasserfestes Klebeband gönnen.

Viele Dinge lassen sich so schnell und unglaublich leicht reparieren, dass Sie die ganze Wegwerfmentalität verwundern wird.

Natürlich braucht man für bestimmte Aufgaben die Hilfe von Fachleuten. Manche Reparaturen sollten niemals dem begeisterten, aber unqualifizierten Amateur überlassen bleiben – insbesondere, wenn hohe Stromspannungen im Spiel sind und damit echte Lebensgefahr besteht. Dennoch gibt es viele Alltagsgegenstände, die wir für unreparierbar halten und die doch recht einfach wieder in Gang gesetzt oder runderneuert werden können.

Selbst wenn Sie sich nicht für den geborenen Bastler halten, verfügen Sie doch mit Sicherheit über genügend Geschick im Reparieren von nahezu allem, das kaputtgeht oder nicht mehr funktioniert. Kleidung, Utensilien, alles Mögliche in Haus und Garten. Sogar die großen Haushaltsgeräte, die Sie zum Fachmann bringen und sich anschließend fragen, warum Sie ihn dafür, dass er das Gerät einfach aus- und wieder einschaltet, so fürstlich bezahlen müssen. Sie können tatsächlich fast alles selbst reparieren.

In den meisten Fällen lassen sich selbst Dinge wieder herrichten, die Sie für nicht reparierbar hielten und die in die Garage oder auf den Müll wandern sollten. Ein alter Staubsauger ohne Saugkraft, Ihr Lieblingsbecher, dessen Henkel abgebrochen ist, der verstaubte alte Videorecorder, der seinen Geist aufgegeben zu haben schien. Dafür brauchen Sie lediglich ein paar einfache Werkzeuge und etwas gesunden Menschenverstand.

Diese Zeit könnte man sich auch sparen, werden Sie vielleicht sagen, und sich stattdessen einen schönen, nagelneuen Ersatz kaufen, obwohl das Teil nicht wirklich kaputt ist. Aber das ist genau die Denkweise, die die Mülldeponien und Container vor lauter Haushaltsgeräten und »kaputten« Schuhen aus allen Nähten platzen lässt. Je mehr Zeug Sie bestellen, desto größer und größer werden diese Massen. Mit all Ihren Einkäufen verschlimmern Plastik- und anderer Verpackungsmüll unsere Probleme. Und so geht das immer weiter.

Aber das muss nicht sein. Da Sie bis hierhin weitergelesen haben, sehen Sie es offenbar wie ich: Es ist an der Zeit zum Handeln, lasst uns reparieren, was nicht wirklich hinüber ist. Oder vielleicht wüssten Sie gern, wie man Rotweinflecke aus dem Teppich bekommt ... Auch das ist denkbar einfach. Gleich ob Sie grüner und nachhaltiger leben, weniger Geld für unnötige Neuanschaffungen verschwenden oder sich ein paar nützliche Fähigkeiten aneignen wollen: Auf den folgenden Seiten finden Sie die Antworten. Schnappen Sie sich also einfach Ihr Werkzeug, und los geht's ...

Werkzeug – die Grundausstattung

Allzweckmesser Auch als Teppichmesser, Cutter oder Stanley-messer bekannt. Vorsicht beim Schneiden, die auswechsel-baren Klingen sind unheimlich scharf.

Beitel Stemmeisen mit scharfkantigem Ende zur Holzbearbei-tung.

Bohrer Dient zum Bohren von Löchern in Holz und anderes Material. Bohrmaschinen (günstig im Baumarkt erhältlich) erleichtern die Arbeit.

Bügelsäge Feinzahnige Säge mit schmalem und straffem, weil unter Zugspannung stehendem Blatt. Eine praktikable Alter-native zur herkömmlichen Blattsäge.

Feile Werkzeug zum Formen von Materialien durch Wegschlei-fen. Eine einfache Handfeile sollte für die meisten Zwecke genügen.

Hammer Unverzichtbares Werkzeug zum Einschlagen von Nägeln.

Inbusschlüssel Schraubenschlüssel verschiedener Größe zum Festziehen und Lösen von Schrauben mit versenkten Innen-sechskantköpfen.

Meißel Werkzeug mit scharfkantigem Ende, um Materialien wie Holz und Metall aufzuspalten und zu zerteilen.

Nadel und Faden Haben Sie jederzeit ein Nähetui parat. Sie wer-den staunen, wie oft es sich als nützlich erweisen wird.

Nägel Legen Sie sich einen ordentlichen Vorrat verschiedener Längen und Typen zu.

Säge Frisst sich mit ihren scharfen Zähnen durch Holz und ähnliches Material.

Saugglocke Holzgriff mit Gummiglocke, von unschätzbarem Wert zum Lösen von Verstopfungen in Spüle und Toilette.

Schleifpapier Raues Papier zum Schmirgeln von Oberflächen. Legen Sie sich ein Sortiment in verschiedenen »Körnungen« (Rauheitsgraden) zu.

Schrauben In zahlreichen Größen, Formen, Materialien und Typen erhältlich. Halten Sie eine breite Palette an Schrauben für die jeweilige Aufgabe parat.

Schraubendreher Gemeinhin als Schraubenzieher bekannt. Mit verschiedenen Klingenspitzen erhältlich; besonders nützlich sind »Schlitz«- und »Kreuzschlitz«-Schraubendreher.

Schraubenschlüssel oder Mutterschlüssel. Damit lassen sich Schrauben und Muttern mühelos festziehen und lösen. Kaufen Sie sich einen Satz mit verschiedenen Weiten, um für jeden Einsatz gerüstet zu sein.

Schraubstock/Schraubzwinge Mechanische Klemmvorrichtung, die Objekte – in der Regel aus Holz – fixiert, während man sie bearbeitet.

Wasserwaage Gerät zum Überprüfen, ob Oberflächen ganz eben ausgerichtet sind; hilfreich bei schiefen Tischen und Regalen.

Zange Forsches, kleines Werkzeug, mit dem man Nägel herauszieht, Draht abknipst und Objekte in Form biegt – für alltägliche Reparaturen eignet sich eine Kombizange am besten.

1

DER GUTE EINDRUCK

Gutes Aussehen ist wichtig, heißt es, und deshalb trägt man bei der Arbeit oder zu einem gesellschaftlichen Anlass besser keine Schuhe mit abgewetzten Absätzen oder einen engen Pulli, der in der Waschmaschine eingelaufen ist und einem die Luft abschnürt. Man wagt sich gemeinhin auch nicht in ausgefransten, zerrissenen oder mottenzerfressenen Kleidern in die Öffentlichkeit. Strumpfhosen mit Laufmaschen sowie Hemden und Blusen voller Blut- und Ketchupflecke sind ebenso tabu. Das geht alles gar nicht.

Wir stellen die Regeln nicht selbst auf, aber sie gelten nun mal, und wir müssen uns alle an sie halten. Beginnen wir daher, auf ordentliche Kleidung und einen guten Eindruck bedacht, mit grundlegenden Hinweisen im Dienst der äußeren Erscheinung ...

Wie Sie ... ein Loch im Schuh reparieren

Wenn Wasser in Ihren Schuh dringt und es bei jedem Schritt schmatzt, dürften Sie ein Loch in der Sohle haben, das geflickt werden muss. Dazu bieten sich je nach Art des Lochs zwei Möglichkeiten.

Erste Option. Passt Ihr Finger durch das Loch, schneiden Sie zwei Streifen Gewebeband zurecht und kleben Sie sie auf die Innenseite und die Außenseite des Schuhs. Gewebeband ist wasserdicht, verwenden Sie bei Bedarf mehrere Schichten. Damit ist Ihr Schuh behelfsweise repariert, bis Sie wieder zu Hause sind. Besohlen Sie den Schuh neu, denn das ist jetzt erforderlich (wie das geht, dazu gleich).

Zweite Option. Wenn die Sohle undicht ist, ohne dass man ein nennenswertes Loch entdeckt, dringt das Wasser wahrscheinlich durch einen Riss oder mehrere Risse. Der Schuh wurde entweder schlecht verarbeitet oder ist völlig durchgelaufen. Wie dem auch sei, die Risse lassen sich leicht reparieren. Besorgen Sie sich zunächst eine Tube superstarken, wasserdichten Klebstoff. Biegen Sie anschließend die Sohle behutsam auseinander auf der Suche nach dem Riss. Haben Sie einen oder mehrere gefunden, geben Sie einen ordentlichen Klecks Kleber hinein, wischen Sie die Reste weg und drücken Sie die Stelle fest zusammen, bis der Kleber hart geworden ist. Jetzt sollte Ihr Schuh wieder wasserdicht sein.

Wie Sie ... Schuhe neu besohlen

Konzentration ist gefragt, denn Sie müssen die beschädigte Sohle mit einem Messer entfernen und durch eine neue Sohle ersetzen. Probieren Sie das am besten nur mit einer völlig abgelaufenen Sohle. Wenn Sie sich im Fachhandel eine Ersatzsohle in der richtigen Größe und im passenden Stil besorgt haben, sind Sie bereit für ein simples Verfahren in drei Schritten ...

Erster Schritt. Sorgen Sie dafür, dass der Schuh von Schmutz oder Rückständen befreit und knochentrocken ist. Nehmen Sie dann ein Allzweck- oder Teppichmesser und schneiden Sie **ganz behutsam** die defekte Sohle ab, bei einem Freizeitschuh in einem Stück, bei einem feineren Schuh bis zum Absatz. Wenn die Sohle entfernt ist, schmirgeln Sie die Unterseite des Schuhs mit Schleifpapier ab, um Klebereste zu entfernen, bis sie schön angeraut ist. Schmirgeln Sie dann die Oberfläche der Ersatzsohle rau. Beide Teile lassen sich dadurch später besser zusammenkleben.

Zweiter Schritt. Sofern die neue Sohle nicht selbsthaftend ist, tragen Sie nun auf dem Schuh wie auf der neuen Sohle reichlich Schuhreparaturpaste auf. Fügen Sie beide Teile feinsäuberlich aufeinander und drücken Sie sie fest zusammen. Sobald Sie einen ersten Klebeeffekt feststellen, ziehen Sie den Schuh an und bleiben Sie eine Weile behutsam darin stehen, um beide Teile noch besser aneinanderzupressen.

Dritter Schritt. Vielleicht hat die neue Sohle nicht haargenau zum Schuh gepasst, sodass ein kleiner Überhang bleibt. Schneiden Sie diesen vorsichtig mit Ihrem Allzweckmesser ab und bearbeiten Sie die Stelle mit der Feile oder mit Schleifpapier, bis der Übergang glatt ist. Verfahren Sie gegebenenfalls mit dem zweiten Schuh genauso.

KLEINERE REPARATUREN

Wenn die Sohle sich nur etwas löst und wieder an ihren angestammten Platz gedrückt werden kann, ziehen Sie behutsam an der Sohle, bis Sie einen ordentlichen Klecks Schuhkleber in die Lücke schmieren können. Drücken Sie die beiden Teile zusammen und wischen Sie eventuell herausquillende Klebereste mit einem Stück Papier oder einem Stoffrest weg. Legen Sie anschließend etwas Schweres in den Schuh, damit die Sohle richtig klebt. Lassen Sie den Kleber vollständig trocknen, bevor Sie die Schuhe wieder benutzen.

Wie Sie ... einen kaputten Absatz reparieren (an einem flachen Männerschuh)

Einen Männerschuh zu reparieren, ist eine simple Angelegenheit. Tatsächlich ist das so einfach, dass es fast schon eine Beleidigung für Ihre Intelligenz ist, es hier auszuführen, doch Ihr Absatz ist nun mal kaputt, und Sie müssen sich darum kümmern.

Sollte der Absatz so beschädigt sein, dass er sich nicht wieder in Ordnung bringen lässt, müssen Sie sich in einem Schuhladen einen Ersatzabsatz kaufen. Ist er lediglich locker geworden, aber ansonsten in annehmbarer Verfassung, können Sie ihn wieder anbringen.

Erster Schritt. Ziehen Sie den wackligen Absatz vorsichtig vom Schuh nach hinten ab. Falls nötig, benutzen Sie ein Messer – zwecks Hebelwirkung. Entfernen Sie alle alten Klebereste von der Unterseite des Schuhs und schleifen Sie, bis sie ein wenig rau ist. Wiederholen Sie das auf der Oberseite des Absatzes: Entfernen Sie alle Klebereste und schleifen sie sie ab. Später, wenn Sie die zwei Teile zusammenkleben, wird Ihr Werk umso länger halten.

Zweiter Schritt. Verteilen Sie einen superstarken und wasserfesten Kleber auf dem entsprechenden Teil des Schuhbodens und auf dem Ersatzabsatz (oder auf dem Originalabsatz, wenn der noch verwendbar war), drücken Sie die beiden Teile zusammen und halten Sie sie fest, bis der Kleber zu härten beginnt. Wenn das passiert, ziehen Sie den Schuh an und stehen ein bisschen rum, dann hält es am Ende besser. Sobald der Kleber ganz getrocknet ist, ist es eine gute Idee, ein paar Schuhnägel entlang des Absatzrands zu nageln, um das Ganze zusätzlich zu befestigen.

Vergewissern Sie sich jedoch unbedingt, dass die Nägel durch den Absatzrand und in den Schuh hineingehen, aber nicht durch den Absatz und durch den Schuh hindurch, sodass sie keinesfalls dort herausschauen, wo Ihr Fuß hingehört. Denn das gäbe blutige Füße und ein großes Geschrei.

Dritter Schritt. Und das war's. Eigentlich gibt es keinen dritten Schritt, abgesehen von dem Vorschlag, dass Sie dasselbe mit dem anderen Schuh wiederholen, sodass Ihre Absätze zusammenpassen, wenngleich das natürlich Ihnen überlassen bleibt – und wenn Sie den alten Absatz wiederverwendet haben, unnötig ist.

Wie Sie ... einen kaputten Absatz reparieren (an einem Frauenschuh mit hohem Absatz)

Selbst bei einem Paar Schickimickischuhe mit einem skandalösen Preisschild kann der Absatz abbrechen, sodass Sie womöglich stürzen und wie ein nicht sehr damenhaftes Häufchen Elend auf die Nase fallen. Glücklicherweise kann man das schnell richten, obwohl die passende Reaktion von der Art des Schadens und der Umgebung abhängt, in der das Malheur passiert ist.

WENN DER ABSATZ ABBRICHT, WÄHREND SIE UNTERWEGS SIND

Als kluge Frau tragen Sie natürlich ständig eine Tube eines strapazierfähigen, speziell für Schuhe geeigneten Klebers bei sich, der es Ihnen erlaubt, in Notfällen eine Schnellreparatur durchzuführen. Dies ist zwar keine langfristige Lösung, aber zumindest können Sie so noch an jedes beliebige Ziel gelangen. Wenn der Absatz komplett abgebrochen ist oder sich löst, bestimmt die Machart des Schuhs Ihre Vorgehensweise bei der Instandsetzung.

Erste Option. Ist es ein einfacher angeklebter Absatz, dann reinigen Sie ihn, kratzen alle alten Klebereste weg, tragen einen ordentlichen Klecks Ihres stets griffbereiten Schuhklebers auf beide Teile – Absatz und Schuhboden – und drücken Sie diese fest zusammen, bis der Kleber vollständig getrocknet ist. Ziehen Sie den Schuh wieder an und setzen Sie den Weg zu Ihrem Ziel fort.

Zweite Option. Wenn der Absatz mit Klebstoff und ein paar kleinen Schuhnägeln am Schuhboden befestigt war, und die Nägel alle noch funktionstüchtig sind, bestreichen Sie die Enden der Nägel mit Ihrem Kleber und drücken Sie sie zurück in ihre ursprünglichen Löcher im Absatz (siehe Zeichnung). Drücken Sie die Bestandteile Ihres Schuhs zusammen, bis der Kleber getrocknet ist, und gehen Sie Ihrer Wege.

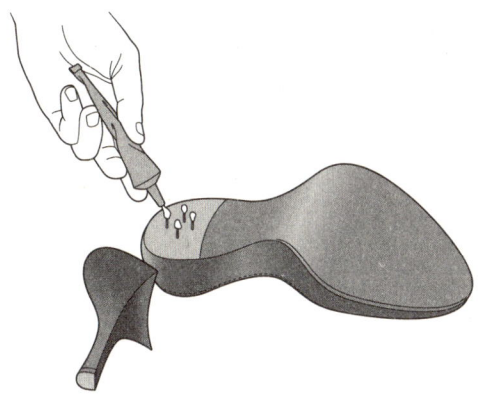

Dritte Option. Ist der Absatz entzweigebrochen, kleben Sie die zwei Teile wieder zusammen und versuchen Sie Ihr Glück. Allerdings ist die Stabilität des Schuhs jetzt enorm beeinträchtigt, sodass der Absatz nach wenigen Schritten schon wieder brechen kann. Daher sollten Sie lieber die Schuhe ausziehen und ein Taxi nach Hause oder zum Schuhmacher nehmen.

WENN DER ABSATZ ZU HAUSE ODER IM BÜRO ABBRICHT
In diesem Fall ist die oben beschriebene Technik anwendbar, nur dass Ihre Reparatur gründlicher sein kann und sein sollte. Auch hier brauchen Sie eine Tube kräftigen Spezialkleber für Schuhe, um Absatz und Sohle wieder zusammenzufügen. Bevor Sie jedoch den Kleber auftragen, vergewissern Sie sich, dass beide Teile trocken und frei von Kleberesten sind. Bearbeiten Sie die Stellen an Schuh und Absatz mit Schleifpapier, das verbessert den Halt. Bei einem dünnen Stöckelabsatz müssen Sie den Druck mindestens vierundzwanzig Stunden lang aufrecht-

erhalten, um eine feste Abdichtung zu garantieren. Deshalb ist der kreative Einsatz eines Gummibands oder einer Schnur gefragt, um den Druck aufrechtzuerhalten. Falls der Absatz mit Kleber und Nägeln in Position gehalten wird, müssen Sie selbstverständlich auch alle alten Nägel herausziehen und Ersatznägel in die bereits vorhandenen Löcher schlagen, bevor Sie die Reparatur vornehmen und ein Gummiband oder eine Schnur um Schuh und Absatz spannen.

WARNUNG!

Bricht der Absatz eines Schuhs sehr ungünstig, kann es sein, dass eine Reparatur aussichtslos ist und Sie den ganzen Absatz ersetzen müssen. Aber das könnte dazu führen, dass Sie auch den Absatz am anderen Schuh ersetzen müssen, damit beide genau übereinstimmen. Diese Arbeit sollten Sie lieber einem professionellen Schuhmacher überlassen. Seien Sie sich außerdem bewusst, dass der Absatz eines neuen Schuhs nicht so leicht abbrechen sollte. Jedenfalls bestimmt nicht, während Sie irgendeine Straße entlangspazieren und an nichts Böses denken. Sollte es dennoch passieren, bringen Sie die Schuhe mitsamt Kassenzettel, den Sie hoffentlich noch haben, in das Geschäft zurück, in dem Sie sie gekauft haben und verlangen Sie Ihr Geld zurück.

Wie Sie ... eingelaufene Kleidung retten

Bevor Sie weiterlesen, möchte ich eine Warnung aussprechen: nicht alle Kleidungsstücke lassen sich retten. Wenn es sich um empfindliche Stoffe handelt wie Seide, werden Sie zu kämpfen haben. Handelt es sich um einen robusteren Pullover aus Wolle oder Baumwolle, der eingelaufen ist, weil Sie ein falsches Waschprogramm gewählt haben, könnten Sie Glück haben. Also ...

Erster Schritt. Legen Sie das Kleidungsstück in warmes Wasser und weichen Sie es fünfzehn Minuten lang ein.

Zweiter Schritt. Nehmen Sie es in die Hand und wringen Sie es aus, tupfen Sie es anschließend mit einem Handtuch trocken, sodass es noch feucht ist. Nicht nass, nicht trocken, nur feucht.

Dritter Schritt. Legen Sie zuletzt – und das ist entscheidend – das Kleidungsstück auf eine Oberfläche und dehnen Sie es sorgfältig, bis es ungefähr seine ursprüngliche Größe wieder erreicht hat. Wahrscheinlich wird diese Methode nicht funktionieren, wenn das Textil auf Kleinkindgröße geschrumpft ist, aber sie ist Ihre einzige Hoffnung.

Übrigens: Ein alternativer Ansatz besteht darin, das Kleidungsstück auf einen Kleiderbügel zu hängen und zu hoffen, dass das Gewicht der Feuchtigkeit es in die alte Form zurückzieht. Mit dieser Option haben Sie jedoch weniger Kontrolle über die letztendliche Form des Kleidungsstücks. Es hängt also im Grunde davon ab, wie verzweifelt Sie sind ...

Wie Sie ... weiße Kleider mit Farbflecken retten

Eine rote Socke, die sich in eine Trommel Weißwäsche verirrt hat, kann die ganze Ladung ruinieren, es sei denn, Sie stehen auf unregelmäßig rosa-gefleckte Wäsche. Statt gleich alles wegzuwerfen, sollten Sie Folgendes versuchen, es ist Ihre einzige Chance ...

WARNUNG!
Versuchen Sie diesen Trick nicht mit Seide oder Wolle, weil Sie damit Ihre Kleidungsstücke ruinieren.

Erster Schritt. Tauchen Sie das Kleidungsstück in eine Wanne mit kaltem Wasser und geben Sie eine oder zwei Verschlusskappen Bleichmittel hinzu. Je nach Verfärbungsgrad können Sie Ihr Glück auch mit Hausmitteln wie Natron (mit in die Trommel), Backpulver (ebenfalls in die Trommel), Zitronensäure (15 g pro Liter, einweichen) sowie Wasserstoffperoxid (3 %ige Lösung, eine Kappe in die Trommel) versuchen.

Zweiter Schritt. Lassen Sie es fünf bis zehn Minuten stehen und spülen Sie mit kaltem Wasser.

Dritter Schritt. Vergewissern Sie sich, dass die rote Socke nicht mehr in der Maschine liegt und waschen Sie die Textilien dann wie gewohnt und hoffen auf das Beste.

Wie Sie ... stinknormale Flecken aus Kleidern entfernen

SECHS GRUNDREGELN DER FLECKENENTFERNUNG

1. Für das beste Ergebnis müssen Sie den Fleck so schnell wie möglich behandeln, möglichst bevor er trocknet.
2. Prüfen Sie die Anweisungen des Herstellers, bevor Sie irgendeinen Fleck entfernen und tun Sie genau das, was dort steht. Sollte es bei dem Kleidungsstück keine Warnung geben, versuchen Sie es mit Regel 3 auf einem Abschnitt des Textils, den man nicht sieht.
3. Betupfen Sie den Fleck lieber, anstatt wie irre daran herumzureiben und ihn dabei zu verschmieren und die Fasern zu beschädigen. Bedenken Sie außerdem, den Fleck stets von außen nach innen zu bearbeiten.
4. Erst wenn der Fleck vollständig eliminiert ist, dürfen Sie die betroffene Stelle bügeln. Die Hitze könnte dafür sorgen, dass seine Entfernung noch schwieriger wird.
5. Kleidung aus Seide und Wolle darf nie mit Bleichmittel behandelt werden – weil sonst irreparabler Schaden entsteht.
6. Waschen Sie nach jeder hier aufgeführten Methode Ihre Kleidungsstücke gründlich, um Reste von Fleckenentferner zu beseitigen.

VERSCHIEDENE ANDERE FLECKEN ...

Tinte: Etwas Reinigungsalkohol müsste das wieder hinkriegen. Tragen Sie ihn so schnell wie möglich mit einem weichen, sauberen Tuch auf und waschen Sie dann das Kleidungsstück wie üblich. Auch Haarspray wirkt Wunder, vorausgesetzt Sie lassen das Spray vor der gewohnten Wäsche in das Gewebe eindringen.

Kaugummi: Diese Methode funktioniert nur bei Jeans und nicht bei empfindlichem Gewebe (die Sie leider in die chemische Reinigung geben müssen). Versuchen Sie nie, den Kaugummi abzuknibbeln. Damit weiten Sie den Fleck nur aus. Kühlen Sie den Kaugummi lieber mit einem Eiswürfel, am besten packen Sie das Textil in eine Plastikhülle und legen es ein paar Stunden ins Gefrierfach. Wenn der Kaugummi gefroren ist, kratzen Sie ihn behutsam mit einem stumpfen Messer ab und tragen anschließend ein alkoholbasiertes Lösemittel auf, um eventuelle Reste zu beseitigen, die Sie nicht abkratzen können.

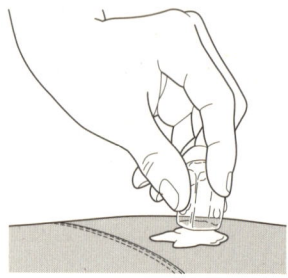

Wein: Betupfen Sie den Fleck mit kaltem Wasser (verwenden Sie niemals heißes Wasser, da es den Fleck verfestigt), streuen Sie anschließend Salz auf den Fleck und sehen Sie staunend zu, wie es die Farbe aufsaugt. Spülen Sie mit Wasser und wischen Sie mit einem Schwamm darüber, der mit Reinigungsalkohol getränkt ist. Anschließend können Sie das Textil wie üblich waschen. (Diese Methode funktioniert auch bei Kaffeeflecken und den meisten Flecken auf Tomatenbasis.)

Ketchup und Senf: Entfernen Sie die Ketchupmasse vorsichtig mit einem Messer. Spülen Sie anschließend das Kleidungsstück in kaltem Wasser, weichen Sie den Fleck mit einem milden Waschmittel schön schaumig ein. Spülen Sie zum Schluss mit kaltem Wasser aus und waschen es dann wie üblich. Hilft das nicht, könnte weißer Essig helfen.

Fett: Hängt das Stück Butter noch an dem Textil, entfernen Sie es vorsichtig mit einem Messer. Legen Sie anschließend ein saugfähiges Tuch, z.B. Küchenrolle, auf den Fleck. Das sollte einen Teil des Fetts aufsaugen. Drücken Sie anschließend einen kleinen Klecks Spülmittel auf die Unterseite des Flecks und reiben Sie dieses vorsichtig ein, bis etwas Schaum entstanden ist. Zum Schluss waschen Sie das Textil auf der wärmsten Stufe, die es vertragen kann.

Blut: Bei frischem Blut halten Sie den Fleck einfach feucht, indem Sie ihn unter laufend kaltem Wasser spülen. Ist das Blut getrocknet, weichen Sie das Kleidungsstück über Nacht in kaltem Wasser ein, um es dann mit einem Spritzer Ammoniak erneut in kaltem Wasser einzuweichen und schließlich wie üblich zu waschen.

Schokolade: Achten Sie darauf, sie nicht tiefer ins Gewebe zu drücken, sondern kratzen Sie mit einem Messer so viel Schokolade wie möglich weg. Spülen Sie anschließend den Fleck gründlich von der Rückseite des Gewebes mit kaltem Wasser, das Sie behutsam einarbeiten sollten. Eventuell hilft auch Sprudel. Als nächstes reiben Sie den Fleck mit einen Klecks flüssigem Waschmittel ein, das Sie fünf bis zehn Minuten lang auf den Fleck einwirken lassen, bevor Sie es fünfzehn Minuten lang in kaltem Wasser einweichen. Begutachten Sie anschließend den Fleck und wiederholen Sie, wenn nötig, den Vorgang, bis sich die Schokolade löst und letztendlich vollständig verschwindet. Sollte der Fleck hartnäckig sein und von Milchschokolade stammen, fügen Sie der Waschmittelmischung einen Spritzer

Ammoniak hinzu. Bei dunkler Schokolade sollten Sie auf zwei Esslöffel weißen Essig zurückgreifen. Waschen Sie das Textil danach wie üblich.

Lippenstift: Wenn Sie schnell feuchtes Küchenpapier zur Hand haben, tupfen Sie den Fleck damit ab, und der Lippenstift sollte sich gut ablösen. Reiben Sie den Fleck anschließend mit Vaseline ein und waschen Sie das Kleidungsstück in warmem Seifenwasser, um den Fleck vollständig zu entfernen. Falls der Lippenstiftfleck bereits eingetrocknet ist, betupfen Sie ihn mit kaltem Wasser, nehmen Sie dann ein in Ammoniak getauchtes Wattestäbchen und betupfen Sie den Fleck, um ihn zu entfernen.

Tee & Kaffee: Mischen Sie einen Teelöffel weißen Essig mit einem Liter kaltem Wasser, sprühen Sie die Mischung auf den Fleck und betupfen Sie ihn. Das sollte den Fleck entfernen. Waschen Sie das Textil anschließend wie üblich.

Gras: Betupfen Sie die Stelle vorsichtig mit Reinigungsalkohol, bevor Sie das Kleidungsstück wie üblich waschen. Ein Klecks flüssiges Spülmittel, das fünfzehn Minuten auf den Fleck einwirkt, bevor Sie das Textil wie gewohnt waschen, funktioniert genauso gut.

Schlamm: Lässt man ihn trocknen, kann man viel davon in den Abfallbehälter bürsten. Wenn Sie an einem feuchten Schlammfleck herumschrubben, ist er am Ende nur gekonnt über das Textil verteilt. Man kann hier verschiedene Spezialwaschmittel zum Einsatz bringen, doch die beste und einfallsreichste Methode besteht darin, eine Kartoffel aufzuschneiden und das stärkehaltige Innere auf den Fleck zu reiben. Anschließend weichen Sie das Kleidungsstück eine Stunde lang in kaltem Wasser ein, bevor Sie es wie üblich waschen. Allerdings sollten Sie die Kartoffel nicht mehr essen, und falls Sie der Knolle doch nicht widerstehen können, spülen Sie wenigstens vorher den Schlamm ab.

Obst: Ist ein Ärgernis, weil sich die Säuren ins Gewebe fressen können. Sie sollten daher schnell reagieren und Salz auf den Fleck streuen, bevor Sie ihn in kaltem Wasser spülen. Waschen Sie das Textil wie gewohnt – mit flüssigem Waschmittel, das Wasserstoffperoxid enthält.

Permanentmarker: Der Name sagt eigentlich schon alles, und der folgende Ratschlag wird vielleicht nicht funktionieren. Aber bevor Sie das Kleidungsstück direkt wegwerfen, ist er einen Versuch wert. Spülen Sie den Fleck mit kaltem Wasser, bis das Wasser durchsichtig ist. Platzieren Sie dann Küchenpapier unter dem Fleck, tränken Sie die betroffene Stelle in Reinigungsalkohol und betupfen Sie sie mit einem weichen Tuch. Während der Alkohol einwirkt, wird die Farbe vom Küchenpapier aufgesaugt. Ersetzen Sie das Papier. Wenn keine Farbe mehr herauskommt, waschen Sie das Kleidungsstück mit der wärmsten Temperatur, die es aushält (schauen Sie auf das Etikett). Fügen Sie bei weißen Kleidungsstücken einen Spritzer Bleichmittel hinzu oder greifen Sie zu den Hausmitteln aus dem vorigen Kapitel. Spülen Sie anschließend in warmem Wasser.

Wie Sie ... verblasste Kleidung wieder zum Strahlen bringen

Hier sind ein paar ganz schnelle Tipps, um Kleidungsstücke, die ihre besten Tage hinter sich haben und die normalerweise in der Tonne landen würden, wieder aufzuhübschen.

Erster Tipp. Wie bunte Kleidung leuchtender wird

Farben verblassen mit der Zeit, aber dem lässt sich mit einem Schuss weißem Essig gegensteuern, den Sie dem Waschgang hinzufügen. Danach sollten die Farben kräftiger sein.

Zweiter Tipp. Wie Kleidung weißer wird

Je häufiger Sie weiße Sachen tragen, desto schmuddeliger werden sie, doch das lässt sich ändern. Versuchen Sie eines der Hausmittel aus dem Kapitel »Wie Sie ... weiße Wäsche retten« oder erhöhen Sie die Gangart: Weichen Sie die Kleidungsstücke vierundzwanzig Stunden lang in einer Mischung aus warmem Wasser und einem (im Supermarkt erhältlichen) Bleichmittel auf Sauerstoffbasis ein. Spülen Sie es anschließend in einem Waschbecken mit warmem Wasser und einem Spritzer Essig. Wenn Sie zwei Esslöffel Essig auf einen Liter Wasser nehmen, sollten Sie ungefähr das richtige Maß haben.

Dritter Tipp. Wie Kleidung schwärzer wird

Schwarze Sachen verblassen im Lauf der Zeit, was sich jedoch aufhalten lässt, indem man entweder eine Tasse starken Kaffee oder zwei Tassen Tee in den Waschgang gießt, ohne Milch und Zucker, versteht sich. Wenn das Kleidungsstück getrocknet ist, sollte die Intensität wiederhergestellt sein. Jeder zurückbleibende Hauch von Tee oder Kaffee sollte nach einer normalen Wäsche verschwunden sein.

Übrigens gelten diese Tipps nur für robuste, waschmaschinenfeste Kleidung und nicht für empfindliche Stücke, die immer von einem Fachmann in Ordnung gebracht werden sollten.

Wie Sie ... zerrissene Kleidung ausbessern

Wie Sie an die Sache herangehen, hängt davon ab, wie groß der Riss ist und wo er sich befindet. Große Risse auf edlen Kleidungsstücken – zum Beispiel am Smoking oder an einem schicken Kleid – sollte man lieber einer herausragenden Änderungsschneiderei überlassen.

Kleinere Risse in der Jeans oder in Pullovern können Sie ganz ordentlich selbst reparieren. Die einfachste Methode besteht darin, ein Stück aufbügelbares Nahtband zu kaufen, das Sie in den meisten gut sortierten Kaufhäusern oder in diesen altmodischen Kurzwarenläden (und in den neuen hippen) erhalten. Wählen Sie waschechtes Material in einem Farbton, der dem Ihres reparaturbedürftigen Kleidungsstücks nahe kommt. Zum Flicken der meisten normal bis wenig empfindlichen Stoffe ist so ein Nahtband sehr gut geeignet. Vor allem aber ist es wesentlich einfacher anzuwenden, als wenn man den Riss wirklich näht. Gehen Sie wie folgt vor ...

Erster Schritt. Krempeln Sie das Kleidungsstück um. Schneiden Sie das Nahtband auf die erforderliche Länge zu, wobei Sie an beiden Enden zwei bis drei Zentimeter mehr berechnen und die Kanten abrunden sollten.

Zweiter Schritt. Legen Sie die Ränder des Risses wieder zusammen – es muss ein gerader Riss sein, damit es funktioniert.

Wenn der Riss allzu zerfranst ist oder Stoff komplett abgerissen ist und ein Loch hinterlassen hat, bleibt Ihnen vermutlich nichts weiter übrig, als einen Flicken aufzubügeln (siehe nächstes Kapitel).

Dritter Schritt. Bügeln Sie den Stoff um die zerrissene Stelle herum von innen, um ihn vorzuwärmen, legen Sie dann das Nahtband mit der klebenden Seite nach unten auf den Riss. Bügeln Sie erneut darüber, um das Band mit dem Gewebe zu verbinden. Lassen Sie es abkühlen, bevor Sie das Kleidungsstück anfassen oder tragen.

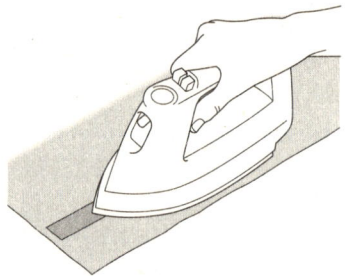

Wie Sie ... eine Laufmasche in einer Strumpfhose aufhalten

Dies ist nur eine provisorische Reparatur, die bloß dann funktioniert, wenn Sie die Laufmasche rechtzeitig entdecken und schnell handeln, bevor sie Ihr Bein hochjagt. Tragen Sie beim ersten Anzeichen eines Lochs so schnell wie möglich transparenten Nagellack auf. Wenn er trocknet, hält er die Fasern zusammen, was die Laufmasche in Schach hält und Ihnen etwas Zeit verschafft, bis Sie die Strumpfhose ersetzen müssen.

Wie Sie ... ein Loch in der Jeans flicken

Das Entscheidende hierbei ist, dass Sie früh genug handeln. Wenn Sie mit einem kleinen Loch in der Jeans leben können und das Gefühl haben, es sei nicht unbedingt nötig, es zu verdecken, tragen Sie einfach ein wenig Klebstoff auf, um eine Ausbreitung zu verhindern (weitere Details im Kasten unten).

Falls Sie nicht mit einem kleinen Loch leben können oder falls das Loch ziemlich groß ist, lautet die einfachste Lösung, sich einen aufbügelbaren Jeansflicken zu kaufen, der die Farbe und Beschaffenheit Ihrer Jeans hat. Er gehört auf die Innenseite. Krempeln Sie also Ihre Jeans um und legen Sie den Flicken über das Loch. Vergewissern Sie sich, dass er groß genug ist, um das Loch zu verdecken. Stellen Sie das Bügeleisen auf mäßige Wärme, um den Flicken mit der Jeans zu verbinden und lassen Sie sie abkühlen, bevor Sie sie wieder anziehen.

SCHNELLE HILFE BEI KLEINEN LÖCHERN

Wenn sich ein sehr kleines Loch oder eine durchgescheuerte Stelle in Ihrer Kleidung befindet, schneiden Sie alle strähnigen Fäden ab, krempeln Sie das Textil um und schmieren Sie ein wenig wasserdichten Stoffkleber um das Innere des Lochs oder den Rand der durchgescheuerten Stelle. Sobald der Kleber getrocknet ist, wird er die Ausbreitung der Stelle verhindern und die Lebensdauer Ihres Kleidungsstücks verlängern.

Wie Sie ... Mottenlöchern in der Kleidung vorbeugen (und Motten loswerden)

Die einzige todsichere Methode, Mottenlöcher in der Kleidung zu verhindern, ist die Tötung jeder einzelnen Motte und aller Mottenlarven, die Sie in Ihrem Haus finden können. Wobei sie auch dann nicht sicher sein können, dass Sie die Plagegeister endgültig losgeworden sind, da Motten ein verblüffendes Geschick darin haben, durch Ritzen und Öffnungen in Häuser einzudringen. Vorbeugung statt Heilung lautet hier die Lösung, denn wenn sich die Motte und alle ihre Kumpel erst einmal über Ihren wertvollen Pullover hergemacht haben, muss im schlimmsten Fall sogar ein Fachmann kommen, um die Dinge für Sie geradezubiegen.

Handeln Sie daher rechtzeitig und halten Sie Ausschau nach jedem Anzeichen für einen Mottenbefall. Die folgenden Vorschläge sollten dabei helfen.

Erster Tipp. Entfernen Sie den Teppichboden aus Ihrem Kleiderschrank, weil er der Brutplatz für die Viecher ist und sie ermuntert hereinzukommen.

Zweiter Tipp. Räumen Sie niemals getragene Sachen zurück in den Schrank: Motten werden vor allem durch den Geruch von menschlichem Schweiß angezogen. Tragen oder lüften Sie Ihre Kleidung so oft wie möglich, da Motten besonders in der Dunkelheit gedeihen.

Dritter Tipp. Verpacken Sie Ihre Klamotten (besonders Sachen aus Wolle) zwischen den Jahreszeiten in luftdicht verschlossenen Plastikbeuteln, um die Motten außen vor zu lassen – die kleinen Fieslinge können ohne Luft nicht überleben.

Vierter Tipp. Sie können Kleidungsstücke, die unter Verdacht stehen, mit Motten in Kontakt gekommen zu sein, von einem Fachmann reinigen lassen. Aber denken Sie daran, Ihr Mottenproblem zu erwähnen, sodass er eventuelle Larven und Eier beseitigen kann. Auch wenn Sie keine Anzeichen für Larven entdecken sollten, heißt das nicht, dass keine da sind.

Fünfter Tipp. Waschen Sie die Kleidung 30 Minuten lang bei 60° C oder höher, um die Motten zu töten oder legen Sie Sachen, die nicht warm gewaschen werden dürfen, in die Tiefkühltruhe – und das für mindestens zwei bis drei Tage. Auch das wird ihr klägliches kurzes Leben beenden. Schlechtes Karma? Mag sein, *aber die kleinen Gangster wollen Ihren Pulli fressen!*

Sechster Tipp. Saugen Sie Ihren Kleiderschrank sorgfältig aus, und entleeren Sie den Staubsaugerbeutel draußen in der Mülltonne, sonst könnten sich die Larven neu formieren und zu einem neuerlichen Angriff übergehen.

Siebenter Tipp. Wenn gar nichts hilft, müssen Sie vielleicht doch in ein härteres Mittel zur Mottenvernichtung investieren, die es in Drogerie- und Baumärkten zu kaufen gibt (unbedingt die Hinweise der jeweiligen Mittel beachten). Oder Sie bezahlen einen Profi, der sich in voller Montur Ihren Kleiderschrank und den Rest der Wohnung vornimmt.

Achter Tipp. Wenn Sie schließlich alle Anzeichen für Motten beseitigt haben, verwenden Sie Zeder, Lavendel oder getrocknete Orangenschale, um ihre Rückkehr ein für alle Mal zu verhindern. Motten hassen alle drei Düfte. Allerdings können diese Abschreckungsmittel schreckliche Fettflecken hinterlassen und die Fasern Ihrer Kleidungsstücke beschädigen. Deshalb sollten Sie darauf achten, dass sie nicht mit den Kleidungsstücken selbst in Berührung kommen.

Wie Sie ... Löcher in Hosen- oder Manteltaschen reparieren

Es gibt zwei offensichtliche Ursachen für solche Löcher: Entweder haben sich die Nähte gelockert und die Tasche schlenkert jetzt umher, oder ein Loch befindet sich dort im Gewebe, wo Sie zu viel Taschenbillard gespielt haben. Welche der beiden wohl der Fall sein mag, Ihr Geld fällt heraus, und bald werden Sie pleite sein. Glücklicherweise gibt es dafür zwei ganz einfache Lösungen.

Erste Option. Krempeln Sie die Hosen- oder Manteltasche um und schneiden Sie sich ein Stück Stoff zurecht, das groß genug ist, um das Loch zu bedecken – es sollte auf jeder Seite ungefähr einen Zentimeter größer als das Loch selbst sein. Stecken Sie es mit Nadeln fest (am besten mit Stecknadeln, aber das ist nicht entscheidend), und nähen Sie dann die Ränder zusammen (siehe Kasten auf der gegenüberliegenden Seite). Achten Sie darauf, dass der Flicken rundherum luftdicht ist.

Zweite Option. Die zweite Methode besteht darin, einen Flicken zu verwenden, der mit Wärmeversiegelung angebracht wird. Dann können Sie die Zeit, die Sie zum Nähen gebraucht hätten, etwas Spannenderem widmen. Sie könnten zum Beispiel etwas essen oder sich über das Wetter beschweren. Die Anweisungen zur Versiegelung von Flicken mithilfe von Wärme finden Sie im Kapitel »Wie Sie zerrissene Kleidung ausbessern«.

ZUGENÄHT

Grundkurs im Nähen für blutige Anfänger ...

Erster Schritt. Fädeln Sie ein, indem Sie das eine Ende des Fadens durch das Nadelöhr stecken, wofür Sie ein scharfes Auge und eine ruhige Hand brauchen. Wenn Sie es geschafft haben, ziehen Sie den Faden auf die gewünschte Länge – ein wenig mehr abzuschneiden, kann nicht schaden.

Zweiter Schritt. Machen Sie nun am Ende des Fadens einen Knoten, damit er beim Nähen zuverlässig an Ort und Stelle bleibt – machen Sie anschließend einen zweiten Knoten (und manchmal sogar einen dritten, falls dieser Ihnen noch nicht groß genug erscheint). Stoßen Sie dann die Nadel von der Innenseite durch den Stoff, bis sie vom Knoten am Ende gestoppt wird. Jetzt können Sie richtig anfangen zu nähen.

Dritter Schritt. Der einfachste Stich ist der »Vorstich« (oder »Heftstich«). Es ist ein gerader Stich mit gleichmäßigen Abständen. Fangen Sie nahe beim Knoten an (der auf der Innenseite des Stoffs sein sollte), mit dem Sie gerade Ihren Faden festgezurrt haben. Achten Sie darauf, dass die Stiche gerade sind und alle denselben Abstand haben. Vermeiden Sie lange Stiche, da sie nicht so stabil sind. Halten Sie sie daher eher kurz.

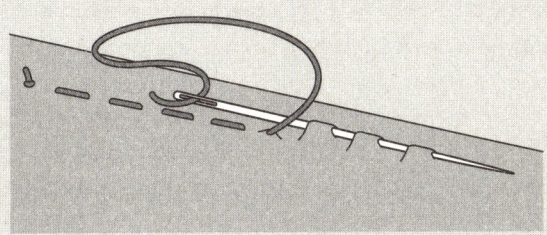

Vierter Schritt. Sobald Sie die gesamte Länge genäht haben, können Sie, um sicherzugehen, das Ganze entweder wiederholen oder das Ende verankern, indem Sie die Nadel durch die Unterseite des Kleidungsstücks führen und mit dem Faden ein paar Mal eine Schleife durch den letzten Stich oder die letzten paar Stiche machen, bis alles fest sitzt. Schneiden Sie anschließend den Faden ab. Herzlichen Glückwunsch, Sie haben es geschafft.

SCHNELLREPARATUR FÜR KNÖPFE

Um zu verhindern, dass jemals wieder Knöpfe von Ihren Kleidungsstücken abreißen, tupfen Sie einen kleinen Tropfen Nagellack auf den Faden, der die Knöpfe hält. Wenn der Nagellack trocknet, wird er härten und es nahezu unmöglich machen, dass der Faden brüchig wird und abreißt.

Wie Sie ... einen schief sitzenden Reißverschluss reparieren

Reißverschlüsse können auf verschiedenste Arten Schaden nehmen, und da kann das Zuziehen Ihres Kleidungsstücks schon mal zu einem schrecklichen Geduldsspiel werden oder gar nicht mehr funktionieren. Sind die Zähne der beiden Seiten allerdings nur falsch ausgerichtet, ohne dass das ganze Teil dabei beschädigt wurde und komplett ersetzt werden muss, ist die Reparatur recht einfach ...

Schieber   Endteil

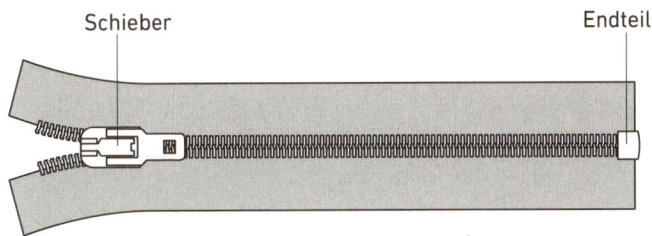

Erster Schritt. Nehmen Sie eine Zange und ziehen Sie das rechteckige Endteil aus Plastik oder Metall am Ende des Reißverschlusses ab. Achten Sie darauf, keinen unnötigen Schaden anzurichten.

Zweiter Schritt. Ziehen Sie den Schieber vollständig bis zum Ende herunter, und zwar bis unter die letzten Zähne, aber ziehen Sie ihn nicht ganz heraus. Jetzt begradigen Sie die Zähne mit der Hand, wobei Sie darauf achten, dass sie sauber von oben bis unten wieder richtig ineinanderpassen. Dann ziehen Sie den Schieber wieder hoch und staunen über den geschmeidigen Lauf von unten nach oben.

Dritter Schritt. Bringen Sie nun den Stopper wieder auf die Unterseite des Reißverschlusses an, indem Sie ihn mit der Zange auf eine beliebige Seite des Reißverschlusses klemmen. Wenn der Stopper kaputt ist, können Sie Ihre Nähkünste einsetzen: Führen Sie mehrere Stiche mit dickem Garn oder sogar Bindedraht durch, zwischen der Stelle etwas oberhalb derjenigen, an der der Stopper angebracht war, und dem Textilstück unterhalb des Stoppers. Wenn Sie mit den Stichen zufrieden sind, machen Sie einen Doppelknoten in den Faden oder schneiden Sie das Stück Bindedraht ab und greifen zu etwas Sekundenkleber.

Wie Sie ... einen abgerissenen Riemen an Hand- und sonstigen Taschen reparieren

Wenn Sie Ihre Handtasche mit unnötigem Krimskrams vollstopfen, geht das auf die Riemen. Eine Belastung, die letztlich dazu führt, dass die Nähte platzen, die Riemen reißen und Ihre ganzen kostbaren Sachen auf den Boden fallen.

In Zukunft sollten Sie weniger Sachen in Ihre Tasche stopfen, es vermeiden, sie an den Griffen hin und her zu schaukeln und sie bitte niemals an einem Türgriff aufhängen, wenn sie gerade nicht gebraucht wird. Natürlich ist es jetzt zu spät für gute Ratschläge, denn der Riemen Ihrer Tasche ist nun mal abgerissen und muss repariert werden. Ihre Aufgabe ist wesentlich überschaubarer, wenn Ihr Taschenriemen aus Leinen, Nylon oder einem ähnlichen pflegeleichten Material gemacht ist. Sollte dies so sein, dann ...

Erster Schritt. Falls der Schaden nicht komplizierter ist als gerissene Nähte, bringen Sie den Riemen wieder in die richtige Position. Achten Sie besonders darauf, dass die Länge passt.

Zweiter Schritt. Befestigen Sie den Riemen mit Stecknadeln und nähen Sie ihn so ordentlich wie möglich an der ursprünglichen Naht fest. Falls sich das Eindringen ins Material als knifflig erweist, probieren Sie es mit einer stabileren Nadel und robusterem Garn.

Dritter Schritt. Ist der Schaden schwerwiegender als eine beschädigte Naht – wenn der Riemen beispielsweise in zwei Teile zerrissen ist – sind Sie womöglich besser beraten, wenn Sie einen oder zwei Ersatzriemen annähen. Oder Sie schwenken die weiße Fahne und bezahlen einen Fachmann, der das für Sie erledigt.

Wenn es um eine Ledertasche geht, folgen Sie denselben Anweisungen, allerdings wird Ihre Arbeit viel schwieriger, weil Stiche durch dickes Leder nicht leicht auszuführen sind. Vielleicht haben Sie ja ein Händchen für die Arbeit mit einem strapazierfähigen synthetischen Faden und einer gleichermaßen beanspruchbaren Nadel. Wenn nicht, sollten Sie Ihren Schuhmacher vor Ort fragen. Er kann Ihnen mit ziemlicher Sicherheit helfen.

Wie Sie ... einen abgebrochenen Regenschirmstock reparieren

Der Stock (der lange, dünne Mittelteil des Schirms) hält das ganze Gewicht des Regenschirms und schwankt bedenklich bei stürmischem Wetter. Daher sollten Sie sich nicht wundern, wenn er unter dem ganzen Druck irgendwann einmal abknickt. Aber keine Sorge, noch ist nichts verloren.

Erste Option. Wenn es ein glatter Bruch an einem einteiligen Stock aus Holz oder Kunststoff ist, kann ein am Riss aufgetragener superstarker und wasserdichter Klebstoff oftmals die Teile wieder zusammenfügen. Dabei sollten sie reichlich Kleber auftragen, zum Abschluss am besten mehrere Schichten um die Abbruchstelle herum. Nur so entsteht eine ausreichend starke Verbindung. Und die werden Sie brauchen, vor allem wenn Sie in einer Gegend mit starkem Wind und heftigen Regengüssen leben.

Zweite Option. Eine viel robustere Alternative ist diese hier: Bohren Sie der Länge nach ein Loch in beide Teile des zerbrochenen Stocks, nehmen Sie dann einen Dübel entsprechender Größe und tauchen Sie ihn in Holzleim.

Diesen tragen Sie auch auf die zwei zu verbindenden Enden auf. Schieben Sie den Dübel in das Loch am Handgriffende des Schirms und schieben Sie dann das herausschauende Ende des Dübels in das Loch des andern Stockfragments. Der Dübel sollte jetzt als Brücke zwischen den zwei zerbrochenen Teilen dienen und sie zusammenhalten. (Die gebohrten Löcher müssen völlig gerade und passgenau sein, damit der Dübel gut sitzt und sich nicht bewegen kann.) Zum Schluss sollten Sie zur Vorsicht eine zusätzliche Kleberschicht um die Bruchstelle auftragen, warten, bis sie getrocknet ist, eine neue Schicht auftragen, sie trocknen lassen und schließlich der Stelle mit Schleifpapier ein schönes Finish geben.

HEAVY METAL – EIN ALTERNATIVER ANSATZ

Wenn der Regenschirm einen Stock aus Metall hat, kleben Sie die zwei Teile zusammen und wickeln Sie dann ein Stück dünnen Draht fest um die Klebestelle. Sichern Sie den Stock in einem Schraubstock und erhitzen Sie den Draht, bis er zu schmelzen beginnt. Die Wärme sollte hier etwas vom Kaliber eines Creme-Brulée-Brenners haben, eine richtige große Lötlampe ist zu gefährlich. Im Prinzip aber löten Sie hier, und wenn Kleber und Draht geschmolzen und anschließend getrocknet sind, wird eine starke Verbindung zwischen den Teilen hergestellt sein, und der Regenschirm wird wieder funktionieren, als wäre er neu.

Wie Sie ... eine kaputte Regenschirmspeiche reparieren

Eine der häufigsten Beschwerden über Regenschirme lautet, dass die Speichen angesichts heftiger Windböen abknicken und Sie im wahrsten Sinn des Wortes im Regen stehen lassen. Die Speichen sollten natürlich nicht abknicken, aber wie Sie inzwischen wohl kapiert haben, ist häufig schlampige Verarbeitung im Spiel und so knicken sie eben doch.

Und das ist ein echtes Problem, denn die Speichen stützen den Stoff und geben dem Regenschirm die Form, dank derer Sie vor dem lästigen Regen sicher sind. Jede Speiche muss stark genug sein, um Windböen auszuhalten – ist dies nicht der Fall, knicken die Speichen, der Stoff stülpt sich um, Ihr Regenschirm verliert seine Form und Sie werden pitschnass und stinksauer. Zum Glück gibt es, wie meistens, eine *relativ* einfache Lösung für dieses Problem ...

EINE RELATIV EINFACHE LÖSUNG

Ziehen Sie behutsam an jeder Speiche, um Anzeichen für eine Schwäche zu erkennen – jede Speiche, die eindeutig beschädigt ist oder so aussieht, als könne sie jeden Augenblick kaputtgehen, muss entfernt werden. Wenn Ihr Regenschirm einteilige Speichen hat, dann werden Sie am äußeren Ende von einem Stopper aus Kunststoff an Ort und Stelle gehalten. Nehmen Sie diesen ab und ziehen Sie jede beschädigte Speiche heraus. Nutzen Sie dafür entweder Ihre Hände oder eine Zange, falls Sie auf Widerstand stoßen. Sind die Speichen so angebracht, dass sie sich nicht ohne Weiteres und nicht einzeln lösen lassen – etwa durch einen verdrillten Draht in einem Stück Kunststoff, das alle Speichen am oberen Ende zusammenhält –, wägen Sie Aufwand und Nutzen noch einmal sorgfältig ab.

Um die Speiche zu ersetzen, müssen Sie in Ihrem sympathischen Fahrradladen um die Ecke eine Fahrradspeiche von ähnlicher Länge kaufen, sie mithilfe einer Bügelsäge auf die richtige Länge zuschneiden und die Enden abfeilen und schleifen.

Die neue Speiche sollte ein bisschen biegsam sein, dann können Sie sie recht einfach wieder einfädeln, wenn, wie bei manchen Modellen der Fall, die Montage auch am oberen Ende problemlos möglich ist. Ihr Regenschirm sollte dann wieder so funktionieren, wie Sie es erwarten, sodass Sie Ihre Angelegenheiten weiter verfolgen können.

WARNUNG!

Leider funktioniert diese Lösung nur bei Regenschirmen mit einteiligen Speichen und nicht bei Modellen, die überall komplizierte Scharniere und Klammern haben. Werfen Sie einfach mal einen Blick unter Ihren Schirm. Wenn sich bei diesen komplizierten Gestellen allerdings nur eine Niete gelöst hat, können Sie das leicht mit einem Stück Draht, das Sie in das Loch fädeln und anschließend verdrillen, ausbessern.

Wie Sie ... angelaufenen Schmuck wieder glänzen lassen

Die natürlichen Fette auf Ihrer Haut und die gekauften Lotionen, mit denen Sie sich eincremen, hinterlassen letztlich Spuren auf Ihrem Schmuck, der dann irgendwann ziemlich schäbig aussieht, wie die Experten sagen. Zum Glück ist es ziemlich einfach, den meisten Schmuck wieder aufzufrischen, wenn Sie diese Regeln befolgen.

Gold reinigen[1]: Legen Sie den Goldschmuck fünfzehn Minuten lang in eine Schüssel mit lauwarmem Seifenwasser, verwenden Sie dabei eine möglichst milde Seife. Reinigen Sie ihn anschließend behutsam mit einer weichen Zahnbürste, spülen ihn dann in lauwarmem Wasser und lassen ihn trocknen. Sind die Spuren besonders hartnäckig, verwenden Sie die Zahnbürste, um den Schmuck mit einem winzigen Klecks weißer Zahnpasta in kleinen kreisförmigen Bewegungen zu polieren. Zum Schluss kommt er wieder ins Seifenwasser und wird schließlich mit einem weichen Tuch poliert, bis er glänzt.

Silber reinigen: Wenn Sie Silber reinigen, folgen Sie denselben Anweisungen wie beim Gold, und benutzen Sie ebenfalls Zahncreme für hartnäckige Flecken.

Diamanten reinigen: Weichen Sie die Diamanten in warmem Seifenwasser ein, wofür Sie wiederum eine milde Seife verwenden. Schrubben Sie sie anschließend behutsam mit einer weichen Zahnbürste. Nehmen Sie die Diamanten aus der Lösung, spülen Sie sie unter lauwarmem Wasser, und trocknen Sie sie mit einem weichen Tuch ab. Sitzen die Diamanten nur noch locker in ihrer Fassung, fragen Sie einen Fachmann um Rat und lassen Sie ihn die Arbeit für Sie erledigen, sonst besteht die Gefahr, dass die Diamanten auf die Straße fallen und in den Gully rollen.

---

1   Wenn es sich um Weißgold handelt, ist das Schmuckstück normalerweise mit Rhodium überzogen. Rhodium ist ein hartes, strapazierfähiges, silbrig-weißes Metall, das man auf Hochglanz polieren kann, das aber schließlich gelblich wird, wenn es sich abgenutzt hat. Um dies in Ordnung zu bringen, muss der Schmuck neu mit Rhodium überzogen werden, was man am besten einem Juwelier überlässt.

Wie Sie ... ein kaputtes Uhrarmband reparieren

All die fummeligen Kleinteile in einer Uhr zu reparieren, ist eine komplizierte Angelegenheit, die man am besten einem Fachmann überlässt. Um eines der geläufigsten Uhrenprobleme können Sie sich allerdings selbst kümmern: die Reparatur eines kaputten oder beschädigten Armbands. Das funktioniert aber nur, wenn es ein Armband aus Metall ist, deren kleine Stifte die Glieder an Ort und Stelle halten und wenn Sie vom Juwelier ein Ersatzarmband gekauft haben, bevor Sie anfangen. Wenn Sie das getan haben, lesen Sie weiter ...

Erster Schritt. Wo das Ende des Bands an das Uhrgehäuse anhakt, sehen Sie ein kleines schwarzes Loch, worin ein kleiner Stift sitzt und ihm gegenüber ein weiterer Stift. Drücken Sie einen Federsteg (den Sie bei jedem guten Juwelier erwerben können) in das Loch, sodass der Stift am gegenüberliegenden Ende herausspringt. Wiederholen Sie die Prozedur mit dem anderen Stift.

Zweiter Schritt. Entfernen Sie das Armband und nutzen Sie eine Nadel, um die Löcher des Gehäuses zu reinigen, indem sie eventuell angesammelten Schmutz herausdrücken. Jetzt nehmen Sie Ihr neues Armband und richten die Enden so aus, dass sie beim erneuten Einfügen der Stifte einklinken und das Armband festhalten. Benutzen Sie den Federsteg, um den Stift so tief wie möglich hineinzudrücken und sichern Sie das andere Ende des Armbands auf die gleiche Weise.

Dritter Schritt. Mehr ist nicht zu tun, wenngleich vielleicht Folgendes erwähnenswert ist: Wenn es nötig ist, dass Glieder entfernt werden müssen, damit das Armband besser sitzt, verfahren Sie genauso, um die Stifte zu entfernen, die die einzelnen

Glieder festhalten. Bei einem Lederarmband funktioniert natürlich nichts davon, und Sie werden sich professionelle Hilfe holen müssen.

Wie Sie ... ein zerkratztes Uhrenglas wieder in Schuss bringen können

Wenn sich auf Ihrem Uhrenglas Kratzer und Kerben ansammeln, gibt es eine einfache Lösung. Tragen Sie einen Spritzer flüssige Messingpolitur auf (ganz normale Zahnpasta funktioniert genauso gut), wischen Sie mit einem weichen Tuch über die Oberfläche und reinigen Sie sie anschließend mit einem feuchten weichen Tuch. Alternativ können Sie auch transparentes, nicht vergilbendes (online erhältliches) Klebeband (Art Tape) über das Glas ausbreiten, glattstreichen und 24 Stunden darauf belassen. Wenn Sie das Band abziehen, hat sich der Kleber in die Kratzer eingearbeitet.

Dieser Eintrag gilt für kleine Kratzer, nicht aber für schmutzige große Risse. Wenn das Glas gesplittert ist, müssen Sie professionelle Hilfe in Anspruch nehmen.

Wie Sie ... zerkratzte Sonnenbrillen in Ordnung bringen

Allgemeine Abnutzung hinterlässt oft kleine Kratzer auf den Gläsern Ihrer Sonnenbrille, was Ihre vorgetäuschte mühelose Coolness ruiniert. Ihre Glaubwürdigkeit können Sie folgendermaßen wiederherstellen:

BRILLENGLÄSER AUS GLAS

Drücken Sie einen kleinen Klecks weiße Zahnpasta auf einen Wattebausch, setzen Sie ihn auf den Kratzer und reiben Sie die Zahnpasta in kleinen Kreisen in die beschädigte Stelle ein. Reiben Sie ungefähr zehn bis fünfzehn Sekunden lang und wischen Sie anschließend die Zahnpasta mit einem weichen, sauberen Tuch weg. Wischen Sie danach mit einem feuchten weichen Tuch noch einmal darüber und lassen Sie das Glas trocknen. Wiederholen Sie den Vorgang, bis der Kratzer so gut wie unsichtbar ist.

BRILLENGLÄSER AUS KUNSTSTOFF

Spülen Sie die zerkratzte Oberfläche mit warmem Seifenwasser ab und trocknen Sie sie behutsam mit einem weichen Mikrofasertuch – Papiertücher, Toilettenpapier oder ein ähnlich grobes Material könnten noch mehr Kratzer verursachen. Suchen Sie in Ihrem Keller nach einer Flasche Möbelpolitur, tragen Sie diese auf die Linse auf und arbeiten Sie sie mit kreisenden Bewegungen ein. Dies füllt die Kratzer mit einem klaren wächsernen Film. Wischen Sie überschüssiges Mittel mit einem sauberen, ultraweichen Tuch ab und wiederholen Sie den Vorgang beim anderen Glas.

2

ELEKTRISCHE GERÄTE IM ALLTAG

»Elektrische Geräte im Alltag« sind Fernseher, Computer, Mobiltelefone und Digitalkameras sowie alle möglichen kniffligen Apparate voller Kabel, die funkensprühend kaputtgehen oder sich selbst ausschalten und tot sind.

Die in diesem Abschnitt angebotenen Lösungen sind nur einfache Reparaturen – Dinge, die jeder Mann und jede Frau sogar mit Leerlauf im Gehirn selbst bewerkstelligen kann, ohne dabei Geräte auseinandernehmen und an deren Innenleben herumpfuschen zu müssen. Komplizierte Arbeiten sollten nur von qualifizierten Fachleuten durchgeführt werden, die wissen, was sie tun. Nicht von Ihnen. (Es sei denn, Sie sind ein ausgebildeter Fachmann und wissen, was Sie tun. Sollte das zutreffen, dann ist dieses Buch nicht für Sie bestimmt.)

Viele der grundlegenderen Probleme können jedoch von jedem Leser und jeder Leserin in Ordnung gebracht werden, wie der folgende Abschnitt eindeutig zeigen wird.

WARNUNG!

Wenn Sie versuchen, ein elektrisches Gerät zu reparieren, dann lautet die erste Regel: Nichts riskieren. Wenn Sie die folgenden Kontrollen durchführen, dann gilt: Bevor Sie auch nur irgendeine der Anweisungen in diesem Abschnitt befolgen, sollten Sie auf der sicheren Seite sein.

1. Schalten Sie immer die Stromversorgung aus, bevor Sie anfangen, sonst laufen Sie Gefahr, durch einen Stromschlag zu sterben. Das ist in der Regel noch dazu wirklich schmerzhaft.

2. Überprüfen Sie stets die Bedienungsanleitung, bevor Sie etwas Kompliziertes in Angriff nehmen. Sollten Sie die Bedienungsanleitung verloren haben, gehen Sie auf die Website des Herstellers und suchen Sie ein Dokument mit Richtlinien, bevor Sie die ersten Schrauben lockern.

3. Viele Probleme lassen sich dadurch lösen, dass man überprüft, ob das Ding selbst richtig eingestöpselt ist und ob die Fernbedienung funktionierende Batterien hat. Ihnen würde das natürlich nie passieren, aber es passiert nun mal sehr häufig und man munkelt: auch den Besten mal.

4. Seien Sie sich bewusst, dass Sie Ihre Garantie aufs Spiel setzen, wenn Sie die Verkleidung abschrauben und im technischen Innenleben herumstochern. Sollten Sie Zweifel haben, trinken Sie eine gute Tasse Tee und rufen Sie einen Profi an.

Wie Sie ... einen Fernseher reparieren

Der Fernseher spinnt mal wieder, das heißt, wenn Sie jetzt nicht in die Gänge kommen und ihn reparieren, werden Sie die anspruchsvolle Dokumentation über die litauischen lilanasigen Mistkäfer oder die Reality Show der Stunde verpassen, diesen Stuss, den Sie so toll finden. Glücklicherweise ist das Problem häufig höchst simpel und lässt sich lösen, wenn Sie sich die folgenden Fragen stellen ...

1. Habe ich das Handbuch gelesen, das ich mit dem Fernseher geliefert bekam, und habe ich die sehr informative Fehlersuchanleitung auf der letzten Seite gesehen?   **Ja** ☐ **Nein** ☐

2. Habe ich das Handbuch in letzter Zeit konsultiert?

Ja ☐ **Nein** ☐

Falls nicht, hat der Hersteller eine nützliche Website, die vielleicht auf einer idiotensicheren FAQ-Seite Information und Rat anbietet?

Ja ☐ **Nein** ☐

3. Wenn sich die Website als nutzlos erweist, habe ich versucht, die Hotline des Herstellers anzurufen?

Ja und es war absolut sinnlos ☐ **Nein** ☐

4. Habe ich die Anweisungen zur Einrichtung im Handbuch genauestens befolgt und war mir bewusst, dass eine erfolglose Einrichtung damit enden kann, dass ich weder etwas höre noch etwas sehe? Das bedeutet, ich muss mich vergewissern, dass sämtliche Verbindungen – Wechselstrom, die Senderplattform meines TV-Anbieters, Eingangs- und Ausgangskabel – richtig eingestöpselt sind. Habe ich das erledigt?

Ja, aber es hat nichts gebracht ☐ **Ääh, nein** ☐

5. Habe ich nachgeschaut, ob die Sicherung im Sicherungskasten rausgeflogen ist? Habe ich den Schalter wieder auf »An« umgelegt, falls dies der Fall ist? **Ja** ☐ **Natürlich nicht** ☐

6. Bedauere ich jetzt, dieses Schnäppchen von Fernseher von dem zwielichtigen Typen auf dem Parkplatz vor der Kneipe gekauft zu haben?

Ja, aber er hat halt nur 50 € gekostet ☐ **Nein** ☐

7. Hilft es womöglich, wenn ich die Rückseite des Fernsehers mit einem Buttermesser entferne, die Kabel mal ein bisschen durchschüttele und das Beste hoffe?

Ja ☐
**Ääh, nein, wahrscheinlich werde
ich mich dabei zu Tode grillen** ☐

8. Habe ich alle Einzelteile (Öffnungen und Lautsprecher, siehe gegenüberliegende Seite), die leicht gereinigt werden können, sauber gehalten, und habe ich dafür gesorgt, dass Staub und Ablagerungen nicht mit ihnen in Kontakt gekommen sind und alles vermasselt haben? Die Antenne schaukeln lassen? Als letzte Zuflucht meinen Kumpel angerufen, um zu hören, was er denkt?

Ganz ehrlich, ich habe alles versucht ☐
Ich bin mit meinem Latein am Ende ☐

9. Sind einfach nur die Batterien in der Fernbedienung am Ende?
Ja ☐ **Nein** ☐

10. Hätte ich das nicht gleich zu Anfang checken sollen, statt die Zeit von allen Beteiligten zu verschwenden?

Ääh. Tja, tut mir leid ☐

TV-TIPPS

Fernseher sind wie Autos und schöne Blumen, insofern sie alle regelmäßige Pflege und Aufmerksamkeit erfordern, andernfalls werden sie Ihnen Probleme machen und schließlich in Ihrem Beisein den Geist aufgeben. Um pauschal Probleme zu vermeiden, sollten Sie Staub und Schmutz von den Lüftungen und Lautsprechern des Fernsehers fernhalten. Denn wenn sich das Zeug erst einmal drinnen ansammelt, bekommen Sie Schwierigkeiten. Entfernen Sie regelmäßig Staub mit einem weichen Tuch, um solche Ansammlungen von vornherein zu vermeiden.

Flüssigkeiten in der der Nähe des Fernsehers und seiner komplizierten elektronischen Kleinteile werden ebenfalls zu Problemen führen. Achten Sie also darauf, dass Ihr Apparat nicht zu viel Flüssigkeit ausgesetzt ist. Auch ein paar Päckchen Kieselerde, die Sie hinter das Gerät legen, saugen überschüssige Flüssigkeit auf.

Benutzen Sie schließlich ein weiches, sauberes Mikrofasertuch und ein wenig destilliertes Wasser, um den Bildschirm zu reinigen. Verwenden Sie niemals Papiertücher, weil Sie sonst Kratzer auf dem Schirm riskieren, und benutzen Sie nie starke Reinigungsmittel, weil Sie sonst vielleicht die Oberfläche des Bildschirms beschädigen.

Wie Sie ... eine Fernbedienung reparieren

In einer gründlichen Studie, die vor einiger Zeit ein Mann durchgeführt hat, der offenbar zu viel Zeit hatte, kam heraus, dass der weitaus häufigste Fehler bei Fernbedienungen für Fernseher, vor allem bei alten und verstaubten Fernbedienungen für DVD-Spieler und Videorecorder von einer fehlerhaften Tastatur und/oder einer Anhäufung fettiger Ablagerungen auf der Platine und in ihrer näheren Umgebung verursacht wird. Jede einzelne Taste sollte sich sanft drücken lassen und einwandfreien Kontakt mit der inneren Platine herstellen und einen mühelosen Wechsel von der *Tagesschau* zu *Let's Dance* ermöglichen. Im Lauf der Zeit jedoch werden Fett und Krümel die Tasten beeinträchtigen, und das bedeutet, dass Sie jedes Mal, wenn Sie den Kanal wechseln wollen, mit größerer Kraft drücken müssen. Die folgenden Anweisungen werden Ihnen helfen, dieses Problem zu beheben ...

Erster Schritt. Entfernen Sie die Batterien und legen Sie sie sicher beiseite.

Zweiter Schritt. Drehen Sie die Schrauben der Fernbedienung heraus und legen Sie auch sie an einen sicheren Ort. Nehmen Sie jetzt die Fernbedienung mit einem stumpfen Messer auseinander, indem Sie das Messer in die Nahtstelle schieben und das Oberteil behutsam hochdrücken. Sie sollten jetzt zwei Teile haben (wobei Sie die Plastikabdeckung ignorieren können) – das eine ist die Tastatur, das andere ist die Platine.

Dritter Schritt. Entfernen Sie eventuellen Schmutz von der Platine, indem Sie sie vorsichtig mit einem feuchten Tuch abwischen. Verwenden Sie dabei ein mildes Putzmittel oder Reinigungsalkohol. Die Platine kann sehr schnell beschädigt werden. Wischen Sie deshalb langsam und sehr behutsam und seien Sie sparsam mit Flüssigkeit und Reinigungsmitteln. Lassen Sie die Platine trocknen und schauen Sie sich den miesen schwarzen Fleck auf dem Tuch an, bevor Sie noch einmal mit einem sauberen Tuch drüberwischen.

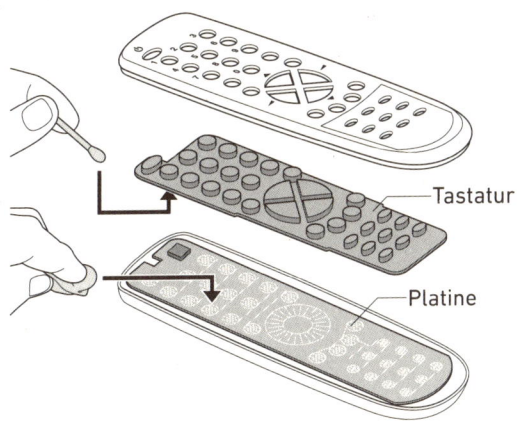

Tastatur

Platine

Vierter Schritt. Nehmen Sie ein in Waschmittel oder Alkohol getränktes Wattestäbchen und reinigen Sie vorsichtig die Kontakte auf der Tastatur der Fernbedienung, die die Verbindungen zur Platine herstellen.

Fünfter Schritt. Lassen Sie alles gründlich trocknen und setzen Sie dann die Fernbedienung wieder zusammen, indem Sie die ersten beiden Schritte umkehren. Jetzt müssen Sie endlich nicht mehr aufstehen für Ihr Entertainment-Erlebnis.

Wie Sie ... Fehlfunktionen einer Digitalkamera beheben

Zielen und klicken. Zielen und klicken. Zielen und klicken. Es könnte kaum einfacher sein, bis Sie eines Tages wieder zielen und klicken, nur dass es dieses Mal nicht mehr klickt und Sie sauer sind. Wenn Sie Glück haben, können Sie das Problem selbst lösen, indem Sie einen der ganz einfachen Vorschläge befolgen, die hier aufgelistet sind.

ERSTES PROBLEM: DIE KAMERA GEHT NICHT AN

Erste Kontrolle. Sollte die Kamera Batterien haben, überprüfen Sie, ob sie Saft haben. Hat Sie einen Akku, stellen Sie sicher, dass er geladen ist, lassen Sie die Digitalkamera zur Sicherheit auch mal ein bisschen länger laden, wenn sie lange nicht benutzt wurde.

Zweite Kontrolle. Achten Sie darauf, dass die Batterien richtig eingelegt worden sind, sodass der Pluspol den Pluskontakt berührt und der Minuspol den Minuskontakt. Wieder mal offensichtlich, aber ...

Dritte Kontrolle. Wenn Sie einen Wechselstromadapter besitzen oder Sie zu ihrer neumodischen Kamera ein passendes Ladekabel bekommen haben, stecken Sie die Kamera an und schalten Sie sie ein. Wenn sie jetzt reagiert, können Sie sicher sein, dass lediglich die Batterien bzw. der Akku aufgeladen werden müssen.

Vierte Kontrolle. Wenn alles oben Genannte nicht funktioniert, sollten Sie prüfen, ob die Speicherkarte voll ist. Ist dies der Fall, könnte es sein, dass sich die Kamera deswegen nicht einschaltet.

Wenn auch das nicht funktioniert, lässt sich die Kamera nicht eigenhändig reparieren. Ziehen Sie als letzte Möglichkeit das Handbuch zu Rate, das Sie beim Kauf der Kamera erhalten haben, aber wahrscheinlich müssen Sie sie von einem Fachmann reparieren lassen.

ZWEITES PROBLEM: DAS DISPLAY SCHALTET SICH STÄNDIG AUS

Erste Kontrolle. Das Display sollte Ihnen einen eindeutigen Hinweis geben, warum es sich ausschaltet, bevor es seinen Geist aufgibt – auf dem Schirm müssten ein Text oder ein Icon auftauchen und Sie warnen. Normalerweise ist der Grund dafür eine zur Neige gehende Batterie oder die Kamera ist in den Energiesparmodus gewechselt, nachdem sie eine Zeitlang keinen Schnappschuss einfangen konnten. Konsultieren Sie das Kamerahandbuch, um Details zu erfahren, wie Sie über das Menü die Einstellungen verändern.

Zweite Kontrolle. Die Kamera könnte auch deshalb herunterfahren, weil der Akku zu kalt ist. Bringen Sie ihn auf Zimmertemperatur und versuchen Sie es noch einmal. Und wenn Sie schöne Winterfotos im Hochgebirge machen, nehmen Sie Ersatzakkus mit, die Sie nah am Körper warmhalten.

DRITTES PROBLEM: ICH KANN KEINE BILDER MIT DER KAMERA MACHEN

Erste Kontrolle. Wenn die Speicherkarte voll ist, macht die Kamera keine Bilder mehr. Prüfen Sie, ob das der Fall ist und löschen Sie nicht mehr gewünschte Fotos bzw. sichern Sie sie auf dem Computer.

Zweite Kontrolle. Vergewissern Sie sich, ob die Kamera nicht in den Ansichtsmodus geschaltet ist, sodass Sie lediglich die aufgenommenen Bilder sehen und keine neuen Fotos machen können.

Dritte Kontrolle. Kontrollieren Sie, wie gehabt, ob die Batterien ihre volle Funktionsfähigkeit haben. Hat die Kamera noch Saft aber ein eingefrorenes Display, suchen Sie den Resetknopf und drücken Sie ihn.

VIERTES PROBLEM. DAS BLITZLICHT FUNKTIONIERT NICHT

Erste Kontrolle. Wieder einmal wird es etwas ganz einfaches sein wie zum Beispiel Batterien ohne Saft, oder Sie haben unabsichtlich die Einstellungen in den Kein-Blitzlicht-Modus geschaltet. Überprüfen Sie dies und berichtigen Sie es, falls es zutrifft.

Zweite Kontrolle. Drücken Sie außerdem nicht überstürzt den Knopf, den Sie für einen Schnappschuss benutzen – es kann gut sein, dass Ihre Kamera einen Moment Pause braucht, bevor Sie das nächste Foto mit Blitz schießen können.

Wie Sie ... ein herumspinnendes Mobiltelefon in den Griff kriegen

Es gibt einfach viel zu viele kleine fummelige Fehler, die Ihr wertvolles Smartphone lahmlegen können, um sie hier in angemessener Detailfülle zu behandeln. Deshalb sollten wir uns auf ein paar grundlegende Fehlerbehebungen konzentrieren, die Ihnen gute Dienste leisten, falls das Telefon unerklärlicherweise nicht mehr funktionieren will ...

ERSTER TRICK. EIN- UND AUSSCHALTEN

Zweifellos eine simple Lösungsstrategie, und dennoch lässt sich eine ganze Heerschar von Problemen damit lösen. Da Ihr Smartphone Tag und Nacht beansprucht wird, braucht es manchmal einfach einen kleinen Verschnaufer.

ZWEITER TRICK. DRÜCKEN SIE DEN RESETKNOPF

Wie das Aus- und Einschalten, nur radikaler und besser. Jedes Mobiltelefon sollte ab Werk einen Resetknopf haben, der in den meisten Fällen im Rahmen verborgen ist. Wenn Sie ihn drücken, werden Sie vielleicht die ein oder andere Einstellung wieder ändern müssen, aber dafür könnte Ihr Smartphone von den Toten auferstehen.

DRITTER TRICK. DOCH NOCH POWER IM AKKU?

Wenn sich das Telefon unversehens abschaltet oder wenn Sie feststellen, dass die Aufladezeiten immer länger werden, könnte der Akku erschöpft sein, sodass er ausgewechselt werden muss. Bevor Sie jedoch einen Ersatzakku kaufen, überprüfen Sie, ob die SIM-Karte richtig eingelegt ist und ob sie von Staub und Schmutz befreit ist. Eine lockere SIM-Karte kann auch zu einer unerwarteten Abschaltung des Geräts führen. Reinigen Sie die Kontakte am Akku und an der SIM-Karte mit einem weichen, sauberen Tuch, stecken Sie sie wieder ein und testen Sie Ihr Telefon erneut. Sollte das Problem nicht behoben sein, kaufen Sie einen neuen Akku.

Den Akku auszutauschen kann insbesondere bei Smartphones jüngeren Baujahrs eine etwas komplexere Angelegenheit sein, da Sie nicht ohne Weiteres an den Akku herankommen.

Doch auch hier gibt es theoretisch die Möglichkeit, den Akku selbst zu tauschen. Dazu müssen Sie meist die Abdeckung erhitzen, damit sich der Klebstoff löst, je nach Modell noch einige Schrauben entfernen und benötigen außerdem einen speziellen Kunststoffspachtel, um das empfindliche Display vom restlichen Gerät lösen zu können.

Im Zweifelsfall erspart Ihnen hier der Gang zu einer Reparaturwerkstatt einigen Ärger.

VIERTER TRICK. WASSERSCHADEN BEHEBEN

Das hier ist etwas komplizierter. Wenn Wasser in Ihr Mobiltelefon eindringt, müssen Sie schnell handeln – Elektrizität und Wasser vertragen sich natürlich nicht. Entscheidend dabei ist es, das Innere des Telefons ganz schnell zu trocknen und das Gerät austrocknen zu lassen. Um das zu erreichen, müssen Sie Folgendes tun ...

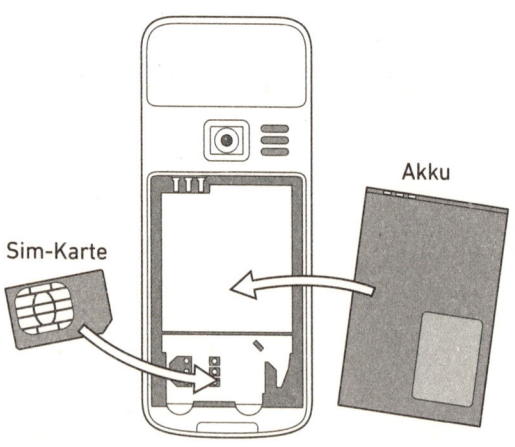

Sim-Karte

Akku

Erster Schritt. Entfernen Sie den Akku und die SIM-Karte und tupfen Sie sie ab. Lässt sich bei Ihrem Smartphone nichts dergleichen tun, springen Sie direkt zum vierten Schritt.

Zweiter Schritt. Schütteln Sie das Telefon behutsam, um so viel Wasser wie möglich und so schnell wie möglich aus dem Gehäuse zu bekommen. Verwenden Sie anschließend ein weiches Tuch, um in alle Lücken und Steckplätze zu gelangen.

Dritter Schritt. Trocknen Sie das Handy mit dem weichsten Bürstenaufsatz, den Ihr Staubsauger zu bieten hat – Ihr Ziel sollte es sein, die Feuchtigkeit herauszusaugen, statt sie weiter hineinzudrücken (benutzen Sie daher niemals einen Föhn). Sieht die Elektronik so kleinteilig aus, dass Sie sich nicht mit dem Staubsauger an das Gerät trauen, überspringen Sie diesen Schritt einfach.

Vierter Schritt. Wenn Sie das Telefon so gut wie möglich getrocknet haben, lassen Sie es über Nacht in einer Schüssel mit Silikagel liegen. Das wird die letzten unerreichbaren Tropfen aus den Telefon saugen. Wenn Sie kein Silikagel haben, tut es auch Reis. Das Smartphone sollte dabei von allen Seiten von Reis umschlossen sein, und das Gefäß am besten verschließbar.

Fünfter Schritt. Kontrollieren Sie das Gerät am nächsten Tag, und sollte es immer noch feucht sein, reinigen Sie es erneut und lassen Sie es für einen weiteren Tag in Silikagel bzw. Reis liegen.

Sechster Schritt. Wenn das Telefon knochentrocken ist, fügen Sie es wieder zusammen und schalten Sie es ein. Wenn es nicht anspringt, schließen Sie es ohne Akku an das Ladegerät an und testen Sie es erneut. Wenn es sich jetzt einschaltet, ist der Akku beschädigt und muss ausgetauscht werden. Sollte auch das nichts bewirken, müssen Sie einen Fachmann um Hilfe bitten.

FÜNFTER TRICK. STAUB UND SCHMUTZ ENTFERNEN

Wenn Sie Ihr treues Mobiltelefon in Ihrer Hosentasche oder Handtasche haben, wird es im Lauf der Zeit Staub und Schmutz ansammeln, die sich in der Kopfhörerbuchse zusammenballen werden oder, was noch problematischer ist, am Anschluss für Ihr Ladekabel. Diese Blockade kann dazu führen, dass Ihre Kopfhörer einen äußerst schäbigen Sound von sich geben und Sie bei jedem Versuch, Ihr Telefon zu laden, erst einmal zwei Minuten lang den Kontakt suchen müssen, bis es sich schließlich gar nicht mehr auflädt.

Wenn das passiert, sollten Sie folgende schnelle Reparatur versuchen. Falten Sie eine Büroklammer auf und führen Sie ein Ende in den Ladekabelanschluss oder in die Kopfhörerbuchse ein und rühren Sie – sehr, *sehr* behutsam – darin herum. Seien Sie vorsichtig! Ihr Ziel ist es, den Staub herauszuhakeln und nicht, ihn mit aller Macht herauszukratzen. Ziehen Sie die Büroklammer heraus, und womöglich haftet der angehäufte Staub daran fest.

Entsorgen Sie den Staub im Abfallbehälter und gratulieren Sie sich zu einem einfachen, gut gemachten Job.

Wie Sie ... eine zerkratzte Disc retten (CD oder DVD)

Wenn Ihre CD oder DVD springt oder Sie nicht mehr auf die vor zehn Jahren leichtsinnigerweise auf diesem Medium gespeicherten Familienfotos zugreifen können, hat sie entweder Flecken oder ist zerkratzt. Das erste Problem ist viel leichter zu beheben als das zweite, aber beide sind lösbar. Fangen wir mit dem leichteren an.

ERSTE OPTION. FLECKEN UND UNEBENHEITEN ENTFERNEN

Um Fingerabdrücke, Staub und Fett zu entfernen, lassen Sie warmes Wasser über die Scheibe laufen. Vermeiden Sie starke Reinigungsmittel, Schleifmittel oder Säuren, die die empfindliche Oberfläche der Scheibe beschädigen könnten. Auch eiskaltes Wasser kann die Scheibe belasten. Achten Sie also darauf, dass Sie ausschließlich lauwarmes Wasser verwenden.

Falls der Fleck hartnäckig ist, streichen Sie behutsam mit einem sauberen Finger (idealerweise mit Ihrem Finger) darüber, und streichen Sie nur von der Mitte aus bis zum Rand, um weitere Kratzer zu vermeiden. Wenn Sie kreisförmig reiben, riskieren Sie weitere Schäden der auf der Scheibe gespeicherten Daten.

Schütteln Sie überschüssiges Wasser ab und lassen Sie die Scheibe einfach trocknen. Setzen Sie sie nicht hellem Licht aus, das weitere Schäden verursachen kann. Probieren Sie anschließend, ob die Scheibe wieder funktioniert.

ZWEITE OPTION. KRATZER ENTFERNEN

Die schlimmsten Kratzer verlaufen in derselben Richtung wie die Spirale auf der Scheibe – die großen, miesen Kratzer, die von der Mitte aus zum Rand verlaufen, sehen viel schlimmer aus, sind aber häufig weniger schädlich und müssen selten behandelt werden.

Wenn Sie sich abmühen, um den nervenden Kratzer abzusondern, spielen Sie die Scheibe ab und stellen Sie fest, welcher Abschnitt am schlimmsten betroffen ist (das funktioniert bei einer CD besser als bei einer DVD) – die Tracks fangen in der Mitte an und laufen nach außen, was die Beurteilung erleichtert.

Sobald Sie den Kratzer isoliert haben, müssen Sie ihn behutsam abputzen. Dafür gibt es eine zuverlässige Vorgehensweise:

Erster Schritt. Legen Sie die CD mit der Unterseite nach oben auf eine flache und stabile Oberfläche, die aber nicht *rau* sein darf (die Label-Seite liegt näher an den Daten der Scheibe und kann viel schneller beschädigt werden als die Unterseite, sodass man sie nicht auf eine grobe Oberfläche legen darf). Wenn Sie die obere Seite der Scheibe beschädigen, könnte sie nie wieder funktionieren. Falls die obere Seite beschädigt zu sein scheint, warne ich Sie vor dem folgenden Ratschlag, der, wenngleich er einen Versuch wert ist, Ihre Scheibe womöglich nicht retten kann.

Zweiter Schritt. Nehmen Sie ein sauberes, fusselfreies Tuch und tragen sie einen kleinen Klecks weiße Zahnpasta mit Backnatron oder eine Metallpolitur auf, sofern Sie letztere zur Hand haben. Reiben Sie anschließend äußerst behutsam das Tuch am Kratzer entlang, von der Mitte der Scheibe bis zum Rand. Vermeiden Sie kreisförmige Bewegungen, die noch mehr Schaden verursachen können.

Dritter Schritt. Wiederholen Sie diesen Vorgang mehrere Male.

Vierter Schritt. Entfernen Sie die Zahnpasta mit warmem Wasser und lassen sie die Scheibe trocknen, bevor Sie erneut mit einem sauberen, weichen Tuch darüberwischen. Sollten Sie eine Metallpolitur benutzt haben, wischen Sie die Scheibe einfach mit einem Tuch sauber.

Fünfter Schritt. Um eine Beschädigung Ihres DVD- oder CD-Spielers zu verhindern, sollten alle Scheiben vollständig von Feuchtigkeit befreit sein, wenn Sie sie einlegen. Sobald die Scheibe sauber und trocken ist, versuchen Sie, ob die Disc jetzt läuft.

Sechster Schritt. Sollte die Scheibe immer noch springen, vergewissern Sie sich, ob Sie den richtigen Kratzer aufpoliert haben. Sollte dies der Fall sein und Ihr Problem dennoch bestehen, könnte der Kratzer zu tief sein, um ihn zu reparieren. Damit gehört diese Scheibe wohl in die Tonne und Sie sollten das als Lernprozess betrachten. Bevor Sie das jedoch tun, lesen Sie bitte den nächsten Abschnitt. Vielleicht ist das Problem ja auf Ihren CD/DVD-Spieler zurückzuführen und liegt überhaupt nicht an irgendeiner einzelnen Disc.

Wie Sie ... einen CD- oder DVD-Spieler reinigen

Wenn Sie überprüft haben, dass die Scheibe selbst sauber und nicht zerkratzt ist, sie aber immer noch aussetzt oder springt, bleibt Ihnen nur noch die Hoffnung, das Laser-Abtastsystem des Spielers zu reinigen. Das Abtastsystem sieht aus wie ein Auge und liest die Informationen auf der Scheibe – und es muss blitzsauber sein, um ordentlich zu funktionieren. Glücklicherweise ist es keine besonders anspruchsvolle Aufgabe, dies in Ordnung zu bringen.

Erster Schritt. Legen Sie eine Reinigungsscheibe ein. Sie kostet nicht viel und kann das Problem beheben, ohne dass Sie in der Maschine herumstochern müssen. Nur wenn dieser Schritt Ihr Problem nicht beseitigt, sollten Sie zu Schritt zwei übergehen. Auch ein CD-Laufwerk am Computer könnte so gerettet werden.

Zweiter Schritt. Entfernen Sie die CD und trennen Sie den Spieler von der Stromversorgung – um einen elektrischen Schlag zu vermeiden. Schrauben Sie das Oberteil des Apparats ab, und bewahren Sie die Schrauben gut auf, denn Sie werden sie schon bald wieder brauchen.

Dritter Schritt. Wenn das Oberteil entfernt ist, haben Sie Zugriff auf den Laser und die Schienen, auf denen er entlanggleitet. Der Spieler liest die Informationen auf der Scheibe, indem er den Laserstrahl aus seinem Auge die Spur entlanglaufen lässt. Der tastet dabei die spiralförmige Spur vom Zentrum bis zum Rand der Scheibe ab. Wenn der Laser nicht haargenau die Spur abtastet, wird Ihre Scheibe nicht ordentlich abgespielt, ganz gleich, wie Sie auch herumfluchen. Die Reinigung dieser Schienen könnte die Lösung Ihres Problems sein. Geben Sie also etwas WD40-Kriechöl auf Ihr Wattestäbchen und schmieren Sie damit die Schienen.

Spuren   Laser   Schiene   Zahnrad

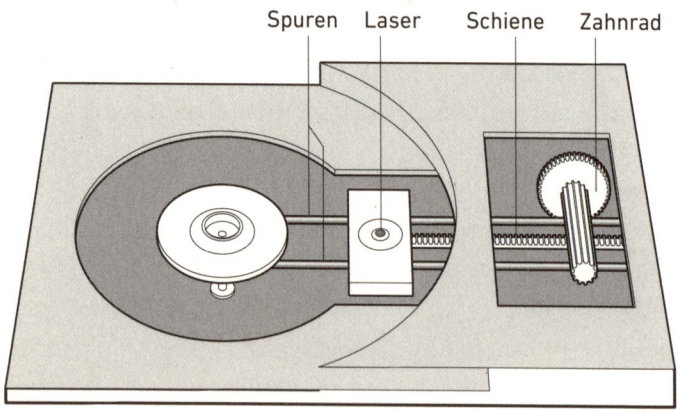

Vierter Schritt. Als Nächstes halten Sie Ausschau nach dem großen Zahnrad in der Maschine und drehen Sie es vorsichtig mit der Hand. Der Laser wird sich über die Spur bewegen, sodass Sie den Abschnitt der Schiene unter dem Laser schmieren können, den Sie zuvor nicht erreichen konnten.

Fünfter Schritt. Nehmen Sie ein neues Wattestäbchen und tauchen Sie es in Reinigungsalkohol (99 %), drücken Sie es ein wenig an, sodass es feucht bleibt, aber nicht tropft und fahren Sie damit behutsam über die Linse des Lasers.

Sechster Schritt. Wenn der Reinigungsalkohol getrocknet ist, schrauben Sie das ganze Gerät wieder zusammen und schalten Sie es ein. Wenn das funktioniert hat, legen Sie eine CD oder DVD ein und wagen Sie ein Freudentänzchen.

Siebenter Schritt. Oder, wenn es eine Jazz-CD ist, sitzen Sie einfach nur da und streichen Sie sich über Ihren witzigen kleinen Bart.

Wie Sie … eine beschädigte Vinylplatte reparieren

Dieser Abschnitt ist den Vinylfreaks gewidmet, jenen, die es immer gewesen sind, ebenso wie jenen, die es erst in diesem Jahrhundert geworden sind. Schallplatten werden inzwischen generell aus Vinyl hergestellt. Die dünnen und empfindlichen Tonträger können sehr leicht und auf vielfältige Weise beschädigt werden. Drei der häufigsten Schäden, und was man dagegen tun kann, werden hier detailliert aufgeführt:

EINE ZERKRATZTE PLATTE IN ORDNUNG BRINGEN

Erster Schritt. Der einfachste Ansatz besteht darin, zu beobachten, wo die Platte zerkratzt ist – hören Sie zu und schauen

Sie hin, bis die Musik aussetzt. Wenn das geschieht, lokalisieren Sie den Kratzer.

Zweiter Schritt. Nehmen Sie die Nadel von der Platte und stellen Sie den Plattenspieler aus. Platzieren Sie dann die Nadel erneut auf der Platte, und zwar so nah wie möglich an der zerkratzten Stelle. Spielen Sie die Platte rückwärts, indem Sie sie mit der Hand in Bewegung versetzen.

Dritter Schritt. Wenn die Nadel über die Rillen fährt, sollte sie eventuelle Kratzer glätten. Allerdings müssen Sie diesen Vorgang ein paar Mal wiederholen, um erfolgreich zu sein. Gehen Sie behutsam und langsam vor, um größeren Schaden zu vermeiden. Wenn das nichts nutzt, brauchen Sie die Hilfe eines Fachmanns.

EINE VERBOGENE PLATTE GLÄTTEN

Das ist einfach – legen Sie die Platte einfach zwischen zwei Glasscheiben und lassen Sie sie eine Weile in der Sonne liegen. Damit ist natürlich keine glühend heiße Sonne gemeint, die Dinge zum Schmelzen bringt, sondern eine angenehme Wärme, die das Vinyl behutsam aufwärmt und glättet.

EINE SCHMUDDELIGE PLATTE REINIGEN

Vinyl ist empfindlich und alles Ätzende kann Ihre kostbare Langspielplatte schmelzen, doch eine simple Lösung aus Wasser und Reinigungsmittel (Spülmittel ohne Hautpflegemittel oder ein Mix aus zwei Teilen Wasser und einem Teil Reinigungsalkohol) wird eventuelle Schmierflecken entfernen, die sich in den Rillen festgesetzt haben und die Ihre Musik ruinieren. Halten Sie die Platte an den Rändern fest, sodass Sie die Rillen nicht berühren, tauchen Sie dann die Platte in die Lösung und achten Sie darauf, dass der Aufdruck in der Mitte nicht nass wird. Drehen Sie die Platte rundum und spülen Sie sie dann in lauwarmem Wasser und wischen Sie sie mit einem weichen Tuch trocken. Jetzt sollte sie wieder klingen wie neu.

Wie Sie ... Ihren uralten Videorecorder wieder zum Laufen bringen

Sie lesen diesen Abschnitt, also haben Sie sich entweder im Gegensatz zum Rest der Welt weder einen Blueray-, 4K- oder Ultra HD 4K-Player noch einen Smart-TV zugelegt. Interessant. Oder haben Sie vielleicht einfach Ihren Videorecorder zusammen mit ein paar alten Kassetten mit nostalgisch stimmendem Inhalt im Keller gefunden? Dann finden Sie hier die geläufigeren Probleme, die bei diesen Geräten auftreten, und wie sie zu lösen sind.

ERSTES PROBLEM. FLACKERNDES BILD

Wenn der Recorder verrücktspielt und das Bild flackert, prüfen Sie, ob das Band fehlerhaft ist. Werfen Sie also die Kassette aus und legen Sie eine andere ein. Es könnte am Band liegen und nicht am Gerät, was Ihnen das ganze Gefummel am Videokopf erspart. Wenn es tatsächlich das Band ist, machen Sie mit dem vierten Problem weiter.

Wenn der Kassettenwechsel nichts gebracht hat, lautet die andere Option, die Spurlage (das Tracking) zu justieren. Alle Videorecorder sollten einen Trackingknopf haben, der sich normalerweise an der Vorderseite des Geräts befindet, wenngleich er manchmal auch auf der Rückseite angebracht ist. Suchen Sie ihn, spielen Sie das Band und drehen Sie dabei an dem Knopf entweder nach rechts oder links, bis das Bild gut genug ist, um sich den Film ansehen zu können.

ZWEITES PROBLEM. KEIN TON UND/ODER KEIN BILD

Nehmen Sie den Videorecorder vom Strom und prüfen Sie, ob alle anderen Verbindungen korrekt eingestöpselt sind – Recorder zum Fernseher, Wechselstrom zur Steckdose und die Output-Kabel. Achten Sie darauf, dass der Recorder auf TV eingestellt ist. Und da Sie schon mal dabei sind, ziehen Sie den Stecker und wischen Sie das Gerät mit einem weichen, sauberen Tuch gründlich ab. Nutzen Sie die Gelegenheit und reinigen Sie alle anderen Teile, die sich säubern lassen, ohne dass Sie dabei herumstochern müssen und weitere Schäden riskieren – wir reden hier von Knöpfen und Tasten. Falls das nicht zum Erfolg führt, ist der letzte Ausweg, das Gerät auszuschalten und es mit herausgezogenem Stecker ein paar Minuten ruhen zu lassen. Wenn auch das nichts nutzt, müssen Sie sich höchstwahrscheinlich doch auf den Weg in die Zukunft machen (aber vielleicht finden Sie auch noch irgendwo einen Fachmann).

DRITTES PROBLEM. BILD/TON IST DA – ABER RUINIERT

Ist der Ton unregelmäßig oder das Bild verzerrt oder trifft beides zu, kann die Feinabstimmung der Spurlage (Tracking) das Problem lösen. Sobald Sie den Tracking-Knopf gefunden haben (siehe erstes Problem), justieren Sie nach links oder rechts, bis Bild oder Ton wieder normal sind. Sie müssen allerdings den Knopf wieder in die neutrale Position bringen, sobald Sie mit dem Anschauen von was auch immer fertig sind.

VIERTES PROBLEM. SCHNEE IM BILD

Sie müssen wahrscheinlich die Videoköpfe reinigen, weil alte Kassetten im Lauf der Zeit einen schlimmen Oxidrückstand auf den Videoköpfen Ihres Recorders hinterlassen können. Der wiederum kann den Schnee im Bild hervorrufen, den Sie gerade erleben.

Die Lösung – oder zumindest *eine* Lösung – besteht darin, ein neues unbespieltes Band eine Stunde lang laufen zu lassen. Häufig reinigt dieser Vorgang die Köpfe und löst das Problem, ohne dass Sie sich bemühen müssen.

Wenn das nicht hilft, erledigt eine Reinigungskassette, die Sie online kaufen können, die Arbeit, während Sie sich zurücklehnen und Tee trinken können. Kaufen Sie eine, die Reinigungsflüssigkeit verwendet, statt sich auf die Trockenreinigung zu verlassen, weil die im Flüssigkeitsreiniger verwendete Lösung wirksamer ist, um den Videokopfschmutz zu entfernen. Versuchen Sie dies auch, wenn Ihr Recorder zwar Videos abspielt, aber nicht aufnimmt.

FÜNFTES PROBLEM. BANDSALAT

Wenn der Videorecorder die Kassette nicht auswerfen will, schalten Sie das Gerät aus, ziehen Sie den Stecker und lassen Sie ihn ein paar Minuten stehen. Wie schon beschrieben, kann das Ein- und Ausschalten des Videorecorders, falls er durcheinandergekommen ist, oft schon ausreichen, um das Problem zu lösen. Sollte dies nicht der Fall sein, besteht Ihre letzte Hoffnung darin, sich eingehend mit dem Innenleben der Maschine zu befassen. Garantie haben Sie ja vermutlich keine mehr, also können Sie wohl auch an der Elektronik im Innern rumfummeln. Schalten Sie die Sicherung im Sicherungskasten aus, schrauben das Oberteil Ihres Recorders ab, bewahren die Schrauben gut auf und notieren Sie, wo jede einzelne hingehört. Wenn Sie im Inneren angelangt sind, zerren Sie nicht einfach am Band und versuchen Sie, nichts zu erzwingen – sonst verursachen Sie garantiert noch mehr Schaden.

Wenn Ihr Videorecorder ein ganz normales Gerät ist, werden Sie ein großes Zahnrad in der Nähe der Kassettenfront sehen. Wickeln Sie vorsichtig das Band vom Videokopf ab und drehen Sie dann das Zahnrad mit der Hand. Es sollte jetzt das Band freigeben und Ihnen erlauben, die Kassette aus der Maschine zu entfernen.

Ein Bandsalat ist häufig ein Indiz dafür, dass eher das Band beschädigt ist und nicht das Gerät selbst. Werfen Sie die Kassette weg, schrauben Sie die Verkleidung wieder an und lernen Sie aus der Erfahrung.

Bei diesem Vorgang geht man davon aus, dass es keine kaputten Teile oder fremden Gegenstände sowie keine anderen Beschädigungen gibt, die Sie davon abhalten, den Mechanismus in Bewegung zu setzen. Sollte dies jedoch der Fall sein, suchen Sie lieber professionelle Hilfe. Bevor Sie sich ganz verrennen: Es gibt auch Mittel und Wege, Ihre alten Kassetten zu digitalisieren oder digitalisieren zu lassen.

Wie Sie ... einfache Computerprobleme lösen

Er geht nicht an. Ein geläufiges Problem. Stellen Sie sich also die folgenden Fragen, die Ihnen ein herablassender und desinteressierter IT-Mitarbeiter am anderen Ende der Kundenhotline stellen würde.

1. Aha, der Computer ist also tot? Haben Sie ihn eingeschaltet?

Ja ☐ Nein ☐

2. Ist das große Stromkabel auf der Rückseite ordentlich eingesteckt? Ja, beide Enden, eins an der Rückseite des Computers, das andere an der Stromquelle. Genau, mit Stromquelle meine ich natürlich die Steckdose, aber ich versuche nun mal, die Dinge komplizierter zu machen. **Ja** ☐ **Nein** ☐

3. Aber funktioniert denn die Stromquelle auch? Versuchen Sie es mit einem anderen Elektrogerät in der Steckdose, um zu prüfen, ob die voll funktionsfähig ist. **Ja** ☐ **Nein** ☐

4. Haben Sie überprüft, ob sämtliche Kabel – für Tastatur, Monitor, Maus – ordnungsgemäß eingestöpselt sind?

Ja ☐ **Nein** ☐

Wenn ja, kontrollieren Sie sie noch einmal, aber entfernen Sie sie und stecken Sie sie dann zuverlässig wieder ein. Und wo Sie schon mal dabei sind, kontrollieren Sie die Sicherung im Stecker und ersetzen Sie sie, wenn nötig.

5. Hat Ihr Computer einen Überspannungsschutz mit einem Resetknopf? **Ja** ☐ **Nein** ☐

Wenn ja, drücken Sie ihn jetzt. Wenn Sie keinen Resetknopf haben, stöpseln Sie ein anderes Elektrogerät in eine der Steckdosen des Überspannungsschutzes, um sicherzustellen, dass er noch funktioniert. Wenn der Überspannungsschutz versagt, ersetzen Sie ihn möglichst durch einen, der einen Resetknopf hat.

6. Haben Sie überprüft, ob die Helligkeit des Monitors vielleicht komplett heruntergedreht worden ist? Sie würden staunen.

Ja ☐ **Nein** ☐

7. Drücken Sie auch auf die Strg- oder Enter-Taste der Tastatur, um zu sehen, ob der Computer lediglich schläft und den Monitor abgeschaltet hat. Oder drücken Sie den Einschalt- oder Energiespar-Knopf, wenn Sie einen haben. Hilft das weiter?

Ja ☐ **Nein** ☐

8. Haben Sie irgendein an Ihren Computer angeschlossenes Peripheriegerät entfernt, einen Drucker vielleicht oder ein externes Speichergerät? Haben Sie anschließend den Computer neu gestartet?

Ja ☐ **Nein** ☐

9. Wenn es sich um einen Laptop handelt, entfernen Sie den Akku. Wischen Sie mit einem sauberen Tuch den Staub aus den Winkeln des leeren Raums und stecken Sie den Akku wieder ein. Schalten Sie den Laptop wieder ein. Funktioniert das?

Ja ☐ **Nein** ☐

10. Falls nicht, könnte der Einschaltknopf des Computers fehlerhaft sein und müsste ersetzt werden. Oder die Stromversorgung im Computer selbst ist tot und muss ebenfalls ersetzt werden. Wie dem auch sei, dieser Job ist zu groß für einen Grünschnabel wie Sie. Ich bin in einer Stunde bei Ihnen, um ihn für einen Riesenhaufen Geld zu reparieren, Trottel. **Ääh, na gut. Seufz** ☐

Wie Sie ... einen Akku im Laptop ersetzen

Wenn – eher als falls – Ihr Laptop-Akku anfängt zu schwächeln, ist es wohl an der Zeit, ihn durch einen neuen, frischen, voll funktionsfähigen Akku zu ersetzen. Vielleicht finden Sie ja die Vorstellung, den Laptop auseinanderzunehmen, schrecklich, aber Sie sollten keine Angst davor haben, denn Sie werden nicht in dessen komplizierten Innenleben herumfummeln müssen. Dies ist eine relativ schmerzfreie Reparatur und zu geringfügig, um einen Fachmann damit zu belästigen. Und zwar geht das folgendermaßen ...

Erster Schritt. Kaufen Sie genau den richtigen Akku, entweder online oder im Laden.

Zweiter Schritt. Schalten Sie Ihren Laptop aus und stöpseln Sie den Netzadapter aus. Vergewissern Sie sich, dass alles vollständig heruntergefahren ist.

Dritter Schritt. Sie kommen an den Akku heran, indem Sie die Verriegelung lösen, die ihn an der Unterseite Ihres Laptops festhält. Wenn Sie dafür Schrauben entfernen müssen, achten Sie bitte darauf, dass sie jede einzelne sicher für später an die Seite legen.

Vierter Schritt. Es gibt abweichende Modelle, aber oft müssen Sie einfach nur die Verriegelung lösen, um den Akku aus seinem Fach herausnehmen zu können. Häufig bildet eine Seite des Akkus die Unterseite Ihres Laptops. Entfernen Sie den Akku und legen Sie ihn beiseite.

Fünfter Schritt. Nehmen Sie Ihren Ersatzakku, schieben Sie ihn in das nunmehr leere Fach bis er mit einem sanften Klickgeräusch einrastet. Dann müssen Sie nur noch den Schieberverschluss zurechtrücken oder die vielen kleinen Schräubchen wieder an Ort und Stelle anbringen.

Sechster Schritt. Laden Sie den neuen Akku vollständig auf, bevor Sie Ihren Laptop wieder einschalten – und denken Sie, während der Akku lädt und Sie Ihren Tee trinken, daran, dass der fürstliche Betrag, den Sie einem halsabschneiderischen Profi dafür hätten zahlen müssen, zum Fenster hinausgeworfen wäre.

Wenn allerdings der fragliche Akku schwer zugänglich ist und Sie befürchten, mehr Schaden anzurichten als Nutzen daraus zu ziehen, sollten Sie Ihr Gerät zu einem Fachmann bringen und die Niederlage akzeptieren.

Wie Sie ... eine kaputte Taste an der Tastatur reparieren

Das ganze Klicke-di-klick fordert einen Tribut von der Computertastatur, denn die Tasten sind aus billigem Plastik gemacht und wurden von einem gelangweilten Kerl oder einer gelangweilten Maschine in einer Fabrik eingesetzt. Zum Glück versagen die meisten Tasten auf dieselbe Weise – sie werden entweder dummerweise wacklig oder lösen sich vollständig. Daher lassen sie sich auch meistens auf dieselbe Weise wieder richten. Und das geht so ...

Erster Schritt. Unter der fraglichen Taste finden sie eine fummelige kleine Halterung – im Wesentlichen ein quadratisches Stück Plastik, das geringfügig kleiner ist als die Taste selbst und auf die die Taste in jeder Ecke einrastet. Hat sich die Taste gelöst oder ist locker geworden, drücken Sie sie zurück in die Halterung und drücken Sie sie so zurecht, das sie in jeder Ecke einrastet. Könnte kaum einfacher sein.

Zweiter Schritt. Wenn die Taste jedoch zerbrochen oder sonst irgendwie beschädigt ist oder ganz und gar fehlt, müssen Sie eine Ersatztaste kaufen (einzeln in diesen großen Läden erhältlich, die Laptops und dergleichen verkaufen). Befolgen Sie anschließend dieselben Anweisungen.

Leertaste? Phhh!

Ohnevollfunktionsfähigeleertastewürdedassoaussehen ... ganz schön nervig. Deshalb kommen Sie nicht ohne die Leertaste aus und müssen sie so schnell wie möglich reparieren. Wie bei einer normalen Taste ist für die Leertaste ebenfalls nur ein einfacher Klick erforderlich, doch gibt es einen kleinen Unterschied, den Sie sich merken sollten. Neben einer quadratischen Halterung gibt es hier auch noch zwei Plastikklammern. Und auf der Unterseite der Leertaste einen Metallbügel, der beinahe so lang ist wie diese. Wenn sich die Halterung gelockert hat, verwenden Sie einen Schraubendreher, um sie behutsam von der Unterseite wegzubekommen. Noch behutsamer geht es mit einem Lineal oder einer Scheckkarte. Den eingebauten Metallbügel müssen Sie in die beiden Plastikklammern einfügen, die als Halterung dienen. Bringen Sie die Leertaste dann vorsichtig wieder in Position, ohne dass der Metallbügel hinter den Klammern hervorrutscht. Lassen Sie sie wieder in die Halterung einrasten und schon können Sie wieder nach Lust und Laune Leerzeichen in Ihren Text einfügen.

Wie Sie ... einen Staubsauger dazu bringen, besser zu saugen[2]

Ein Staubsauger, der weder Staub noch Schmutz aufsaugt, nutzt Ihnen nichts – bevor Sie sich versehen, stecken Sie knietief in Hautschuppen und anderem verfaulenden Dreck. Zum Glück können Sie das Problem mit ein paar einfachen Handgriffen lösen.

Erste Kontrolle. Inspizieren Sie den Schlauch, ob es womöglich eine Verstopfung gibt, da sich Haare und Schmutz schnell ansammeln können und den Luftstrom drosseln. Doch lassen sich die Rückstände leicht per Hand entfernen oder indem Sie einen aufgefalteten dünnen Kleiderbügel aus Metall oder ein anderes Stück Draht durch die Öffnung stecken und »ein wenig damit herumstochern«, wie man wohl in der Branche sagt.

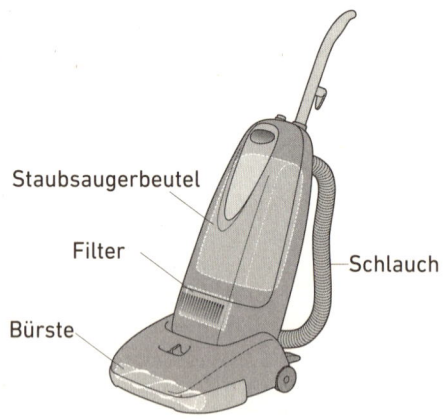

Staubsaugerbeutel

Filter

Schlauch

Bürste

Schrauben Sie den Schlauch ab und untersuchen Sie die Enden auf eine Verstopfung. Werfen Sie probeweise eine Münze durch

---

2 *Anwendbar auf Bürst- wie Bodenstaubsauger.*

den Schlauch. Wenn sie mühelos herauskommt, liegt höchstwahrscheinlich keine Verstopfung vor. Bleibt sie stecken, haben Sie es mit einer zu tun. In diesem Fall stochern sie noch ein bisschen mit dem Kleiderbügel rum und stecken Ihre Münze dann ein, sonst klimpert sie im Gerät umher und verursacht Schäden.

Überprüfen Sie schließlich, ob der Schlauch des Staubsaugers voll funktionsfähig ist. Falls er längs Risse haben sollte, wird es die Saugkraft erhöhen, wenn Sie diese mit Gewebeklebeband abdichten.

Zweite Kontrolle. Wenn der Staubsauger einen Filterbeutel hat, kontrollieren Sie, ob es an der Beutelöffnung eine Verstopfung gibt – auch das kann die Saugfähigkeit eines Staubsaugers beträchtlich reduzieren. Auch mit einem feuchten oder klammen Beutel nach der Reinigung nasser Bereiche wird das Gerät nicht mehr gut saugen. Ersetzen Sie den Beutel – was Sie ohnehin etwa alle sechs Monate tun sollten – und vermeiden Sie es künftig, über feuchten Stellen staubzusaugen.

Dritte Kontrolle. Achten Sie darauf, dass die Filter nicht von Schmutz und Dreck blockiert werden. Wenn sie sich herausnehmen lassen, waschen Sie sie mit der Hand in warmem, milden Seifenwasser und ersetzen Sie sie bis zu einmal im Jahr, wenn Sie auf volle Saugkraft Wert legen.

Vierte Kontrolle. Überprüfen Sie zum Schluss, ob sich massenhaft Haare an der Bürste des Geräts angesammelt haben. Sollte das der Fall sein, beeinträchtigt oder blockiert das den Luftstrom. Ziehen Sie eventuelle Verstopfungen mit der Hand heraus und entsorgen Sie sie oder weben Sie daraus ein kleines Toupet für eine Maus.

3

ELEKTRISCHE KÜCHEN- UND HAUSHALTSGERÄTE

Die Haushaltsgeräte, um die es hier geht, sind die Waschmaschinen, Kühlschränke und Geschirrspülmaschinen, die plötzlich anfangen, ohne ersichtlichen Grund über den Fußboden zu rattern, rumpeln und knattern, bis Wasser austritt, sodass Sie plötzlich in einer Pfütze aus trübem Wasser stehen und sich am Kopf kratzen. Ebenfalls geht es um den qualmenden Toaster und den Wasserkocher, der Wasser kocht, das wie Jauche schmeckt. Haushaltsgeräte gibt es in allen Formen und Größen, und sie können auf beinahe ebenso vielfältige Weise kaputtgehen. Glücklicherweise lassen sich die meisten Schäden ohne viel Aufregung und Theater reparieren.

WARNUNG!

Die folgenden Reparaturtipps stehen deshalb in diesem Buch, weil sie unkompliziert und sicher für jedermann sind. Wenn Sie daran denken sollten, an den Kabeln herumzubasteln oder die Geräte auseinanderzunehmen – tun Sie es bitte NICHT. Diese Arbeit sollten Sie stets einem Experten überlassen.

Außerdem gilt: Bei jeder Arbeit, bei der Wasser ins Spiel kommt, sollten Sie unbedingt zuerst die Wasserzufuhr zu dem Gerät abstellen, das Sie reparieren wollen, sonst laufen Sie Gefahr, durchnässt zu werden, Ihre Wohnung zu fluten und das Problem zehn Mal schlimmer zu machen.

Wie Sie ... einen Wasserkocher von Kalk befreien

Die häufigste Beschwerde über einen Wasserkocher lautet, er funktioniere eigentlich schon, habe aber in letzter Zeit Wasser gekocht, das schmecke, als stamme es aus einer Pfütze in der Gosse. Dieser Geschmack wird durch Kalkablagerungen verursacht, die sich im Lauf der Zeit in Gegenden mit hartem Wasser im Inneren des Wasserbehälters bilden. Sie könnten in eine andere Region des Landes ziehen, wo das Wasser weicher ist oder den Wasserkocher wegwerfen und einen neuen kaufen, aber beide Alternativen sind extrem und gegen den Geist dieses Wälzers. Daher lautet die Lösung, den Wasserkocher zu entkalken, was sich mit zwei einfachen Schritten mühelos erledigen lässt:

Erster Schritt. Füllen Sie den Wasserbehälter mit einer Mischung aus fünfzig Prozent kaltem Wasser und fünfzig Prozent weißem Essig (verwenden Sie Essig-Essenz, müssen Sie das

Verhältnis entsprechend anpassen). Lassen Sie die Mischung aufkochen. Sie müssen dieses stinkende Gebräu vierundzwanzig Stunden stehen lassen, das heißt, Sie müssen Ihr Wasser entweder in einem Topf auf dem Herd (wie damals im Krieg) kochen oder vorübergehend nur kalte Getränke konsumieren.

Zweiter Schritt. Wenn die vierundzwanzig Stunden herum sind, schrubben Sie den Wasserbehälter mit einer alten Zahnbürste oder einer Spülbürste mit harten Borsten, um hartnäckige Kalkreste loszulösen. Füllen Sie ihn dann mit frischem Wasser auf und bringen Sie es zum Kochen. Spülen Sie zum Schluss den Wasserbehälter aus, und die Entkalkung ist erledigt – Ihr Kessel sollte wieder so gut wie neu sein. Und sollte noch ein schwacher Essiggeschmack da sein, kochen und spülen Sie noch einmal.

EINE ANDERE LÖSUNG

Manche Menschen – zumeist etwas eigenwillige – schlagen vor, eine Dose Cola in den Kessel zu gießen und dies über Nacht stehen zu lassen, um das Kesselinnere zu reinigen und die Kalkablagerungen loszuwerden. Sie sollten allerdings den Kessel anschließend gut spülen, sonst wird das Heißgetränk Ihrer Wahl klebrig süß schmecken und Ihre Zähne verfaulen lassen. Zitronensäure ist ebenfalls ein bewährtes Hausmittel.

Wie Sie ... einen nicht richtig funktionierenden Mikrowellenherd instand setzen

Der Mikrowellenherd ist mit Abstand das Gefährlichste in Ihrer Küche, es sei denn, Sie laden Massenmörder zum Tee ein. Aber selbst dann käme ihm die Mikrowelle wegen der im Gehäuse verborgenen furchterregend hohen Voltzahl und der elektrischen Ströme in puncto Gefährlichkeit ziemlich nahe. Und wenn Sie den Herd aus der Steckdose ziehen, steht er weiterhin unter Strom, und das dank eines Hochspannungskondensators, der eine Zeit lang eine gefährliche und ungesicherte Ladung aufrechterhält. Wenn Sie die Abdeckung abschrauben und mit einem Schraubendreher darin herumfuchteln, betteln Sie geradezu um Ärger, und Sie könnten durchaus als Leiche (mit einem versengten krausen Haarbüschel) enden.

Wenn also Ihre Mikrowelle kaputtgeht und irgendetwas anderes erforderlich ist als die elementarste Fehlersuche (wie sie auf den folgenden Seiten detailliert beschrieben wird), sollten Sie lieber einen erfahrenen Fachmann konsultieren und ihn sein Leben aufs Spiel setzen lassen. Hier folgen jedoch ein paar einfache Problemlösungen ...

ERSTES PROBLEM. DIE MIKROWELLE FUNKTIONIERT NICHT MEHR

Erster Schritt. Wenn der Stecker der Mikrowelle eingestöpselt ist und alle Verbindungen in Ordnung zu sein scheinen, sie aber trotzdem nicht funktioniert, überprüfen Sie die Sicherung. Sie kann hin und wieder durchbrennen, wenn die Tür zu energisch zugeschlagen wird, und eine durchgebrannte Sicherung kann ein Grund dafür sein, dass das Gerät nicht mehr funktioniert. Stecken Sie die Mikrowelle nun auf jeden Fall aus.

Zweiter Schritt. Die Sicherung befindet sich normalerweise im Gehäuse der Mikrowelle. Schrauben Sie also die Befestigungsschrauben ab, legen Sie sie zur Seite und entfernen Sie vorsichtig die Abdeckung.

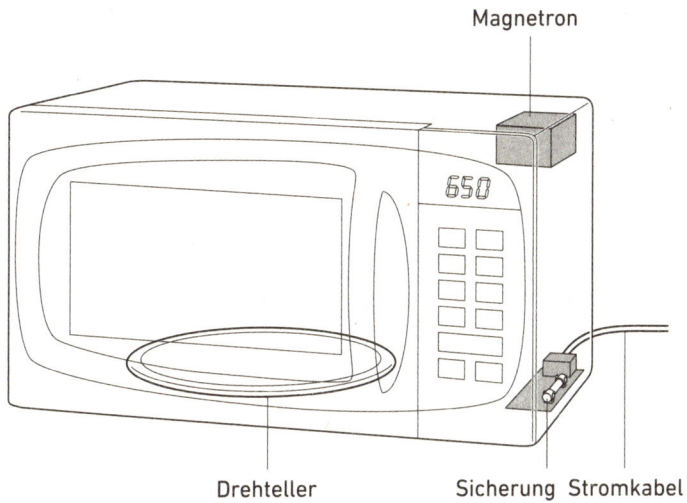

Magnetron

650

Drehteller   Sicherung Stromkabel

Dritter Schritt. Folgen Sie dem Stromkabel ins Gehäuse. Es wird Sie zur Sicherungsfassung führen – die Sicherung selbst hat eine zylindrische Form mit Enden aus Metall und ist etwa zweieinhalb Zentimeter lang. Wenn sie durchgebrannt ist, erkennt man es an den schwarzen Spuren.

Vierter Schritt. Selbst wenn sie nicht durchgebrannt zu sein scheint, sollten Sie sie, wenn Sie schon mal dabei sind, ersetzen, einfach nur, um auf der sicheren Seite zu sein. Sie müssen allerdings darauf achten, dass **Modell und Kapazität genau dieselben** sind, sonst könnte sie wieder durchbrennen und noch größere Probleme verursachen.

Fünfter Schritt. Schrauben Sie die Abdeckung wieder an, schließen Sie die Mikrowelle wieder an die Steckdose an und stellen Sie fest, ob sie wieder ordentlich funktioniert. Ach ja, eine allgemeine, aber entscheidende Regel sei hier noch erwähnt: Sie sollten die Mikrowelle nie leer laufen lassen. Das ruiniert das Magnetron (und das wäre ziemlich schlecht, denn die Aufgabe des Magnetron ist es, Ihre Mikrowelle mit Energie zu versorgen).

ZWEITES PROBLEM. IN DER MIKROWELLE TRETEN FUNKEN AUF

Wenn im Innern Ihrer Mikrowelle die Funken sprühen, liegt das zumeist an irgendetwas, das sich in der Mikrowelle befindet und sich nicht gut mit den herumschwirrenden Mikrowellen versteht. Also, was tun Sie jetzt ...?

Erster Schritt. Schalten Sie die Mikrowelle aus und halten Sie Ausschau nach Gegenständen aus Aluminium und allem, was einen Rand aus irgendeinem Metall hat (hat der Teller in Ihrer Mikrowelle einen Goldrand?), denn die sind wissenschaftlich erwiesenermaßen Verursacher von Funken und bringen Mikrowellenherde total durcheinander.

Zweiter Schritt. Halten Sie ebenfalls Ausschau nach abgeplatztem oder abblätterndem Mikrowellenlack – sollte dies eine offene Metalloberfläche hinterlassen haben, stehen Sie vor demselben Problem. Überpinseln Sie die Stelle mit einer speziellen hitzebeständigen und lebensmittelsicheren Farbe (Backofenlack).

Dritter Schritt. Sie können auch mit Funken rechnen – oder mit einem »Lichtbogen«, wie die Experten sagen –, wenn Sie Essen oder verbrannte Reste im Garraum liegen lassen. Reinigen Sie das Gerät gründlich und schmirgeln Sie Brandflecken weg, wenn Seife und Wasser nicht genügen. Bessern Sie bei Bedarf mit einer geeigneten Farbe nach.

DRITTES PROBLEM. DER DREHTELLER DREHT SICH NICHT MEHR

Erster Schritt. Überprüfen Sie, ob der Laufring und die Rollen, auf denen sich der Drehteller bewegt, richtig ausgerichtet sind oder ob Schmutz den Drehteller blockiert und eine saubere Drehung verhindert.

Zweiter Schritt. Vergewissern Sie sich, dass das Glastablett, auf das Sie Ihren Teller stellen, ebenfalls richtig angepasst ist und sich reibungslos dreht.

Dritter Schritt. Entfernen Sie das Tablett aus der Mikrowelle und waschen Sie es gründlich ab, um eventuellen Schmutz zu beseitigen, der Ärger verursachen könnte. Jedes Teil, das entfernt und gereinigt werden kann, sollte dementsprechend behandelt werden. Achten Sie darauf, dass die Teile anschließend wieder so zusammengesetzt werden, wie es der Hersteller des Mikrowellenherds beabsichtigt hat.

Vierter Schritt. Sie sollten keine zu großen Töpfe in die Mikrowelle stellen, die gegen die Wände stoßen, da dies einen sichere und reibungslose Rotation des Drehtellers verhindert.

Falls das alles nichts hilft, weil der Drehmechanismus wirklich kaputtgegangen ist, muss er auseinandergenommen und ersetzt werden – und das ist leider ein Job für einen hochqualifizierten Fachmann.

VIERTES PROBLEM. DIE MIKROWELLE HEIZT NICHT AUF

Erster Schritt. Damit eine Mikrowelle ordentlich funktioniert und die erforderliche Wärme liefert, müssen die Wände von angesammelter Schmiere und verkrustetem, angetrockneten Dreck befreit werden, sonst können die Wellen nicht fein säuberlich im Innenraum herumspringen und Ihr Essen erhitzen. Gewöhnen Sie sich an, regelmäßig alle Wände mit einem milden Reinigungsmittel, warmem Wasser und einem sauberen Schwamm sauber zu wischen.

Zweiter Schritt. Horchen Sie auf ungewöhnliche Geräusche, vor allem auf einen verdächtigen Summton, der auf Probleme mit dem Magnetron hinweisen könnte, dem Hauptgenerator Ihrer Mikrowelle. Wenn er summen sollte, könnte er defekt sein und muss von einem qualifizierten Profi ausgewechselt werden.

FÜNFTES PROBLEM. DIE TASTEN FUNKTIONIEREN NICHT MEHR

Das günstigste Szenario wäre hier, dass sie beim Putzen zu feucht geworden sind. Sie müssen sie immer mal wieder sauber machen. Sobald die Kontrollfelder gründlich getrocknet sind, sollten sie aber wieder funktionsfähig sein. Ratsam ist es, jeden einzelnen Knopf frei von Schmutz zu halten, vermeiden Sie dabei zu viel Wasser, sonst könnten die Kontrollfelder Ihren Geist endgültig aufgeben.

Wie Sie ... die Klingen eines Mixers wieder scharf machen

Stumpfe Klingen an einem Mixer sind nutzlos, da sie grobes Gemüse in Sekundenschnelle in Mus verwandeln müssen. Sie müssen geradezu gefährlich scharf sein und mit wirklich beängstigender Geschwindigkeit schwirren. Falls sie das nicht tun, sollte der folgende vierstufige Plan helfen.

Erster Schritt. Schalten Sie den Mixer aus Sicherheitsgründen aus, bevor Sie anfangen – selbst wenn die Klingen stumpf sind, könnten sie immer noch ihre Finger abhacken. Mixer werden im Lauf der Zeit schwergängig, aber normalerweise sind daran lediglich Rückstände Schuld, die die Klinge blockieren und die mit der Hand entfernt werden können. Heben Sie also die Klinge heraus und wischen oder bürsten Sie sie behutsam sauber.

Zweiter Schritt. Sollten die Rückstände hartnäckiger sein, geben Sie eine Packung Backpulver oder eine Natron-Tablette in den Mixer und füllen Sie anschließend so viel Wasser ein, dass der Bereich mit den Klingen bedeckt ist. Lassen Sie die Mischung stehen, sodass sie sich eine oder zwei Stunden lang durch den Schmutz fressen kann. Schalten Sie dann die Maschine ein und zerkleinern Sie die Ablagerungen. Spülen Sie mit heißem Wasser, und der Mixer sollte wieder vorbildlich funktionieren.

Dritter Schritt. Um stumpfe Klingen neu zu schärfen, füllen Sie den Mixer zur Hälfte mit warmem Seifenwasser und lassen Sie ihn auf höchster Stufe zehn Sekunden laufen, bevor Sie der Mischung ein paar Eiswürfel hinzufügen und ihn erneut einschalten. Wiederholen Sie, wenn nötig, diesen Vorgang, was die Klingen auf wundersame Weise schärfen, die Lebensspanne Ihres

Mixers erhöhen und es Ihnen ersparen wird, einen neuen zu kaufen.

Vierter Schritt. Wenn schließlich die Klingen scharf genug zu sein scheinen, sie beim Rotieren aber rattern und eiern, müssen Sie womöglich den Antriebszapfen justieren, was nicht schwer ist. Entfernen Sie das Unterteil des Mixers und suchen Sie die Antriebswelle. Ihr Unterteil sollte aus dem Unterteil des Motors heraustreten. Darauf sitzt der Antriebszapfen und hält alles an Ort und Stelle fest. Er muss fest sitzen, um die Klingen zu sichern. Wenn er locker ist, ziehen Sie ihn mit einer Zange fest und achten Sie darauf, ihn nicht zu stark anzuziehen. Sieht er irgendwie abgenutzt oder beschädigt aus, schrauben Sie ihn ab und ersetzen Sie ihn mit einem neuen Zapfen von derselben Größe.

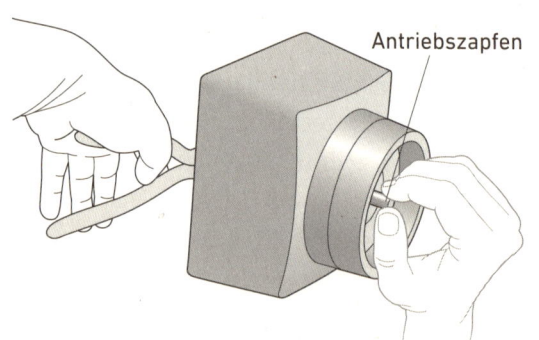

Antriebszapfen

Wie Sie ... Ihren Toaster gut in Schuss halten

Toaster sind so konzipiert, dass sie das Brot auf einem Schlitten hinunter in die feurige Tiefe transportieren, doch wenn der Schlitten herunterfährt und dann wieder hochschnellt, schickt er zwangsläufig lose Brotkrümel auf den Boden des Toasters, wo sie sich im Lauf der Zeit ansammeln und den Mechanismus blockieren. Also müssen sie entfernt werden, damit alles reibungslos funktioniert.

Wenn Sie die folgenden einfachen Schritte beachten, wird Ihr Toast wieder ordentlich hochspringen:

Erster Schritt. Ziehen Sie den Stecker des Toasters und tragen Sie ihn zum Mülleimer.

Zweiter Schritt. Hat der Toaster eine herausziehbare Schublade, ziehen Sie sie heraus und werfen Sie die Brotkrumen weg.

Dritter Schritt. Klopfen Sie vorsichtig auf beide Seiten des Toasters und drehen Sie ihn um, damit andere, in der Maschine steckengebliebene Krumen herausfallen können. Schütteln Sie das Gerät nicht zu kräftig, weil sonst seine empfindlichen Heizelemente herausfallen können. Wenn Sie ganz gründlich vorgehen möchten, können Sie eine Dose Druckluft oder eine kleine, saubere Bürste verwenden, um eventuelle hartnäckige Anhaftungen zu beseitigen.

Vierter Schritt. Hier sollte es eigentlich einen komplizierten vierten Schritt geben, aber den gibt es nicht. Die Beseitigung der Krümel ist der Schlüssel zur Instandhaltung eines gesunden, glücklichen Toasters. Wenn Sie sie drin lassen, kann eine Blockade des Schlittens zu ernsteren Problemen führen – die Krümel beschädigen das Heizelement, kommen der Magnetsteuerung in die Quere (die die Verriegelung löst) und verstopfen die Verriegelungsfreigabe, sodass es unmöglich wird, morgens eine vernünftige Scheibe Toast zu bekommen. Säubern Sie Ihren Toaster wenigstens einmal die Woche.

WARNUNG!

Wenn diese grundlegenden Tipps zur Entfernung von Krümeln nicht helfen, könnte das Problem mit dem Toaster komplizierter sein und mit einem mangelhaften Bauelement einhergehen, der Magnetspule oder dem Thermostat. In den meisten Fällen wäre es nötig, den Toaster auseinanderzunehmen und in seinen inneren Organen herumzufummeln, was sich als gefährlich erweisen könnte. Im besten Fall stehen Sie mit einem Haufen Kleinkram da, der über den ganzen Tisch verstreut ist, während im schlimmsten Fall einige Tausend Volt durch Ihren Körper strömen. Konsultieren Sie einen Fachmann.

Wie Sie ... ein Leck bei der Waschmaschine reparieren

Wasser in einer Waschmaschine ist eine gute Sache, sogar eine absolute Notwendigkeit. Eine große Pfütze trübes Wasser, die sich über Ihren Küchenfußboden ausbreitet, ist nicht so schön und die Ursache dafür sollte man finden. Zum Glück ist es ein häufig auftretender und leicht zu behebender Schaden. Die Feststellung der Quelle des Lecks ist dabei oftmals das größte Problem.

WARNUNG!

Bevor Sie die unten genannten Kontrollen durchführen, sollten Sie sich vergewissern, dass Sie den Stecker Ihrer Waschmaschine gezogen und die Wasserzufuhr abgestellt haben.

ERSTE KONTROLLE. LOCKERE SCHLAUCHVERBINDUNGEN

Die Schlauchverbindungen befinden sich an der Rückseite der Maschine und sollten alle festgezogen werden, auch wenn sie nur geringfügig locker geworden sind.

ZWEITE KONTROLLE. VERSCHLEISS

Ein Schaden im Bereich der Türdichtung – die Gummidichtung, die die Trommel mit dem äußeren Gehäuse verbindet und um die Tür herum verläuft – kann Chaos stiften. Normalerweise hält die Dichtung das Wasser vom Auslaufen ab, aber sie kann durch normalen Verschleiß reißen und muss, falls dies tatsächlich das Problem ist, von einem Experten ersetzt werden. Sie sollten das nicht tun. Bei allem Respekt.

DRITTE KONTROLLE. DAS ABFLUSSROHR

Der Schlauch der Maschine mündet normalerweise in ein U-förmiges Abflussrohr (siehe unten). Wobei dieses leicht durch eine seifige Verstopfung blockiert werden kann, sodass es über Ihren Fußboden schwappt. Folgen Sie, von der Rückseite der Maschine aus, dem Abflussrohr, machen Sie das U-förmige Rohr ausfindig und schrauben Sie es vorsichtig ab. Entfernen Sie die Verstopfung mit der Hand und schrauben Sie das U-Rohr wieder an.

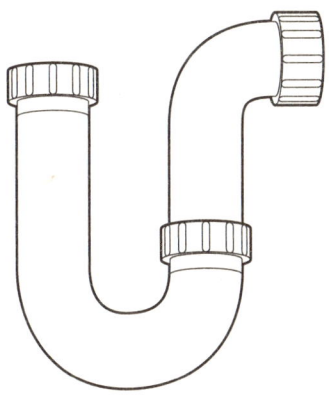

VIERTE KONTROLLE. DIE EINSPÜLKAMMER

Die Einspülkammer kann durch zu viel Waschpulver mit der Zeit überlaufen. Wird das Pulver nicht bei jeder Wäsche aufgelöst, bildet sich eine seifige Schmiere, die das Wasser überlaufen lässt. Sie können diesen Missstand abstellen, indem Sie überschüssige Seife per Hand entfernen und dann den Rest wegwaschen, indem Sie kochend heißes Wasser rasch in die Einspülkammer kippen. Wiederholen Sie, wenn nötig, den Vorgang mehrfach, bis die Verstopfung sich aufgelöst hat.

Wenn nichts des Beschriebenen zutrifft und das Leck weiterhin besteht, könnte die Maschine überfüllt sein und das Wasser wegen eines fehlerhaften Wasserstandsensors auf den Fußboden laufen. Der müsste dann ersetzt werden, was ein komplizierter, fummeliger Vorgang ist, den man am besten dem Fachpersonal überlässt.

Wie Sie ... eine leistungsschwache Waschmaschine wieder auf Trab bringen

Ein kräftiger Schuss weißer Essig lautet hier die Lösung. Eine Zunahme der Kalkablagerungen in der Trommel Ihrer Waschmaschine und in den Schläuchen im Inneren der Maschine kann ihre Leistung behindern und Sie zu dem Gedanken verleiten, sie rauszuwerfen und eine neue zu kaufen. Das wäre eine Verschwendung, zumal Sie das Problem beheben können, indem Sie einfach einen Schuss weißen Essig in die Einspülkammer gießen und Ihr normales Waschprogramm laufen lassen. Dieses Zaubergebräu frisst die Kalkablagerungen und erhöht den Leistungspegel in null Komma nichts.

Wie Sie ... eine lärmende Waschmaschine reparieren

Alle Waschmaschinen machen Lärm, allerdings sollte nicht gleich Blut aus Ihren Ohren fließen, wenn Sie davor stehen. Dann haben Sie offenbar ein oder zwei Probleme.

Erstes Problem. Die wahrscheinlichste Ursache des Lärms ist eine Überfüllung der Maschine mit Kleidungsstücken, was die Trommel aus dem Gleichgewicht bringt und während des Schleudergangs klappern und scheppern lässt. Schalten Sie die Waschmaschine ab, entfernen Sie ein paar Kleidungsstücke und versuchen Sie es noch einmal. Wenn das geklappt hat, müssen Sie in Zukunft nichts weiter tun als weniger Wäsche in Ihre Maschine zu stopfen.

Zweites Problem. Gehört die Maschine zu denen, die zittern und beben und durch den Raum tanzen, dann befinden sich ihre vier Füße nicht mehr auf einer Ebene. Das ist das Ergebnis jahrelangen Ratterns mit einer vollen Ladung im Bauch. Legen Sie eine Wasserwaage auf die Oberseite der Waschmaschine zwischen den hinteren zwei Füßen, lesen Sie das Ergebnis ab und bringen Sie sie mit einem Rollgabelschlüssel (verstellbarer Schraubenschlüssel) wieder in die richtige Position. Wiederholen Sie den Vorgang auf den anderen drei Seiten der Maschine, denken Sie dabei aber daran, dass kürzere Füße eine größere Stabilität bedeuten.

Wenn Ihr Problem damit jedoch noch nicht gelöst ist, dann könnte Ihr Fußboden uneben sein und Sie könnten erwägen, umzuziehen. Oder es ist ein viel komplizierteres Problem und Sie wissen womöglich, wen Sie anrufen müssen ...

Wie Sie ... eine Waschmaschinentür reparieren, die sich nicht mehr öffnen lässt.

So ein Mist. Das ist schlimm. Ihre ganze Unterwäsche ist in der Maschine und Sie haben nichts Frisches für die kommende Woche, also müssen Sie ohne Unterwäsche unter Leute gehen. Das darf doch nicht wahr sein!

Kein Grund zur Panik. Sobald Sie sichergestellt haben, dass Sie nicht durch einen Zeitverzögerungsmechanismus zum Narren gehalten worden sind und dass die Maschine nicht einfach nur darauf wartet, dass das Wasser abfließt, bevor sich die Tür öffnen lässt (was nach dem Ende des Waschgangs normalerweise eine Minute dauert), müssen Sie die Verriegelung der Maschine prüfen. Natürlich gibt es ganz unterschiedliche Modelle, doch die Verriegelung lässt sich meistens erreichen, indem man das Oberteil entfernt.

Wenn Sie das getan und sich vergewissert haben, dass die Maschine nicht mehr am Netz ist, tasten Sie im Inneren herum, um die Verriegelung zu finden. Sie sitzt hinter der Öffnung, wo der Türstopper in das Hauptgehäuse eintritt und lässt sich häufig mit einem kräftigen Ruck per Hand lösen. Wenn das zwar funktioniert, das Problem aber beim nächsten Waschgang wieder besteht, muss der Mechanismus ersetzt werden. Von einem Fachmann. Was auch zutrifft, falls die Verriegelung nicht durch die Entfernung des Oberteiles erreichbar ist.

Wie Sie ... einen leistungsschwachen Geschirr-spüler reparieren

Das ist eine häufig auftretende Störung, die nicht unbedingt durch mechanische Fehlfunktionen, sondern durch Dummheit verursacht wird: Schlagen Sie im Handbuch nach, um sicherzugehen, dass Sie den Geschirrspüler richtig befüllen. Wenn Sie Ihr ganzes schmutziges Geschirr in ungeschickten Winkeln in die Maschine stellen, größere Gegenstände vorn einstellen und kleinere hinten, könnten Sie den hochwichtigen Sprüharm blockieren (den Arm, der Wasser im ganzen Gehäuse versprüht). Er kann nicht wirksam sprühen, wenn sein Weg durch überstehende Henkel oder schlecht eingesetzte Teller blockiert wird. Trotz allem könnte das Problem genauso gut vom Sprüharm selbst ausgehen, wenn er durch Schmiere verstopft ist – zum Beispiel Kalkflocken oder Essensreste, die sich in den Sprühlöchern verfangen. Das lässt sich leicht beheben ...

Erster Schritt. Ziehen Sie den Stecker der Geschirrspülmaschine und schalten Sie den Stromschalter aus. Entfernen Sie anschließend den Sprüharm oder die Sprüharme, indem Sie die Haltemutter entriegeln oder abschrauben. Können Sie keine Haltemutter erkennen, sind die Sprüharme vielleicht nur gesteckt. Dann können Sie sie einfach herausziehen.

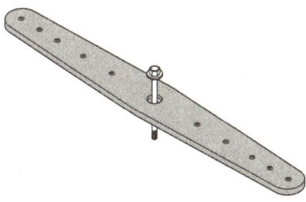

Zweiter Schritt. Spülen Sie den Schmutz ab und verwenden Sie einen Zahnstocher, um eventuelle Verstopfungen zu beseitigen, bevor Sie den Arm wieder anschrauben. Das sollte die volle Funktionstüchtigkeit wieder herstellen.

Denken Sie außerdem daran, dass mit kaltem Wasser kein Teller sauber wird. Die Wassertemperatur muss ungefähr 50° C betragen, damit die Seife dem Fett wirksam zu Leibe rücken kann. Schließlich sei erwähnt, dass zur Gewährleistung eines maximalen Wasserdrucks und einer besseren Leistung keine anderen Geräte, die Wasser verbrauchen, eingeschaltet sein sollten, während der Geschirrspüler läuft.

Wie Sie ... einen fehlerhaften Kühlschrank reparieren

Um Ihre Wurst zu kühlen und zu verhindern, dass Ihre Butter schmilzt, muss ein Kühlschrank auf die genau richtige Temperatur eingestellt sein – was er nicht ist, wenn er spinnt. Häufig ist es eins von zwei Problemen. Die Temperatur sorgt für die Fehlfunktion oder die Kondensatorspulen müssen gründlich gereinigt werden. Gehen wir der Reihe nach vor:

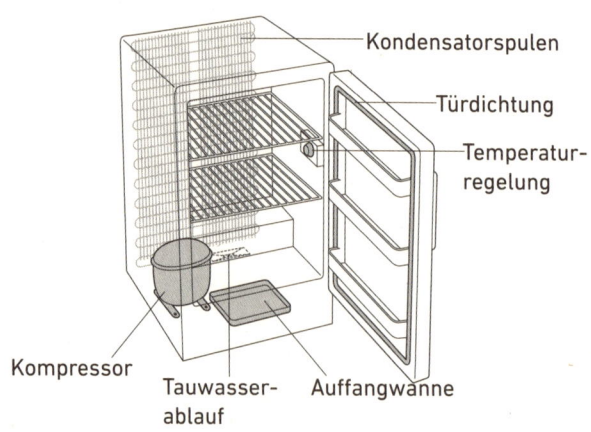

Kondensatorspulen

Türdichtung

Temperatur-regelung

Kompressor

Tauwasser-ablauf

Auffangwanne

ERSTES PROBLEM. DIE TEMPERATUR SORGT FÜR DIE FEHLFUNKTION

Denken Sie zuerst daran, dass ein neuer Kühlschrank durchaus vierundzwanzig Stunden braucht, bis die Temperatur das gewünschte Niveau erreicht. Wenn Sie also den Apparat gerade erst gekauft haben, entspannen Sie sich und schlafen Sie eine Nacht darüber. Sollte der Kühlschrank nicht neu und sein Inneres zu warm sein, prüfen Sie die Temperaturregelung. Die befindet sich fast immer innerhalb des Kühlschranks und kann versehentlich angestoßen werden, wenn Sie Ihr Essen einräumen. Konsultieren Sie die Temperaturhinweise in Ihrem Handbuch und stellen Sie, falls nötig, die Temperatur neu ein.

TEMPERATURTEST

Um die Temperatur im Kühlschrank zu testen, räumen Sie alles Essen aus und stellen Sie den Thermostat auf die kälteste Stufe. Lassen Sie ein Glas kaltes Leitungswasser vierundzwanzig Stunden lang in der Mitte des Kühlschranks stehen und messen Sie dann die Temperatur mit einem Kühlschrankthermometer. Sie sollte zwischen 0 und 5° C betragen. Sollte sie nicht zwischen 0 und 5° C liegen, prüfen Sie, ob der Thermostatsensor verschmutzt ist, da das zu einem falschen Ergebnis führt. Wenn der Sensor sauber ist, ist höchstwahrscheinlich der Thermostat fehlerhaft und muss von einem qualifizierten Fachmann ersetzt werden.

Die Temperatur kann ebenfalls durch Leute beeinflusst werden, die ständig die Kühlschranktür öffnen – vor allem das Gefrierfach und die Fächer für Frischkost – deshalb sollten Sie ein Vorhängeschloss in Erwägung ziehen oder die Temperatur ein wenig niedriger einstellen, um diese Vorfälle auszugleichen. Und direkt neben den Herd haben Sie ihren Kühlschrank doch hoffentlich auch nicht gestellt, oder?

ZWEITES PROBLEM. DIE KONDENSATORSPULEN

Im Kondensator auf der Rückseite des Kühlschranks wird das Kühlmittel wieder flüssig, nachdem es als Gas das Kühlschrankinnere gekühlt hat. Dabei geben die Kondensatorspulen Wärme ab. Im Lauf der Zeit können diese Spulen Staub und Schmutz ansammeln, die zur Überhitzung führen können, sodass sie ärgerlicherweise summen, Ihre Stromrechnung durch den Schornstein jagen und Ihren ganzen Käse verderben lassen. Der Kondensator sollte daher zweimal jährlich »bedient« werden, um ihn sauber zu halten.

Um herauszufinden, wie Sie das selbst tun können, lesen Sie bitte weiter.

Erster Schritt. Ziehen Sie den Stecker Ihres Kühlschranks und finden Sie die besagten Kondensatorspulen – sie befinden sich normalerweise auf der Rückseite, manchmal auf der Unterseite und gelegentlich sind sie hinter einer abnehmbaren Platte verborgen.

Zweiter Schritt. Bürsten Sie vorsichtig den Staub ab oder setzen Sie dafür Ihren Staubsauger ein. Sollten die Ablagerungen hartnäckiger sein, können Sie eine milde Seifenwasserlösung verwenden.

Dritter Schritt. Wenn Ihr Kühlschrank einen Ventilator an der Rückseite hat, machen Sie den Zugangsdeckel ausfindig und entfernen Sie eventuelle Ablagerungen oder Verstopfungen auf die gleiche Weise.

> **WARNUNG!**
>
> Der Kühlschrank ist ein kompliziertes Gerät und Sie erreichen überhaupt nichts, wenn Sie ihn rütteln oder auf den Kopf stellen. Vielleicht fühlen Sie sich besser, wenn Sie ihm einen Fußtritt verpassen, aber davon wird Ihr Kühlschrank nicht plötzlich und auf wundersame Weise wieder ordentlich funktionieren. Als allgemeine Regel gilt: Halten Sie stets Ihren Kühlschrank (und die Gefriertruhe) in aufrechter Position, um Schäden zu vermeiden, deren Reparatur eine Menge Geld kosten wird. Und wenn Sie sich bei dem Gedanken ertappen sollten, an der Verdrahtung der Rückseite herumzufummeln: Tun Sie es bitte nicht. Ihr sauer verdientes Geld auszugeben, ist häufig vermeidbar, wie dieses Buch Ihnen beweist, aber wenn der Anruf bei einem Fachmann verhindert, dass Sie an einem Stromschlag sterben, dann rufen Sie einen an.

Wie Sie ... einen undichten Kühlschank reparieren

Eine kleine Pfütze Wasser am Fuß des Geräts ist leicht alarmierend, aber nicht ungewöhnlich – und keineswegs ein Grund zu großer Sorge. In den meisten Fällen ist die Ursache eine dieser vier Störungen:

ERSTES PROBLEM. SIE HABEN EINE UNDICHTE AUFFANGWANNE

Diese Wanne steht am richtigen Ort, um Kondenswasser aufzufangen und ein Überlaufen auf Ihren Fußboden zu verhindern, doch wenn sie beschädigt ist, kann sie ihre Aufgabe nicht erfüllen. Sie steht normalerweise unter dem Gerät und lässt sich durch die Entfernung des Gitterrosts am unteren Ende des Kühlschranks erreichen. (Im Zweifelsfall sollten Sie jedoch, wie gehabt, lieber im Handbuch nachschauen.) Finden Sie die Wanne, ziehen Sie sie vorsichtig heraus, inspizieren Sie sie und schütten Sie eventuell dort angesammeltes Wasser aus. Schauen Sie nach einem Leck und bessern Sie es mit einer wasserfesten Dichtmasse aus oder ersetzen Sie, falls nötig, die ganze Wanne – kontaktieren Sie in diesem Fall den Hersteller Ihres Kühlschranks.

ZWEITES PROBLEM. SIE HABEN EINEN FEHLERHAFTEN TAUWASSERABLAUF

Wie die Auffangwanne hat auch der Tauwasserablauf eine wesentliche Funktion bei der Ableitung des Kondenswassers. Er befindet sich normalerweise unter dem Gemüsefach – wenngleich die Modelle variieren und Sie in Ihrem Handbuch nachschauen sollten. Prüfen Sie, ob er verstopft ist oder ob sich Risse gebildet haben. Sollte er verstopft sein, spülen Sie ihn mit warmem Seifenwasser aus, bis sich der undefinierbare Schmutz aufgelöst hat und der Ablauf wieder so gut wie neu ist. Sollte er Risse haben, müssen Sie einen neuen kaufen.

DRITTES PROBLEM. SIE HABEN EINE UNDICHTE EISWÜRFEL-MASCHINE

Falls Ihr Kühlschrank mit einem Eiswürfelbereiter ausgestattet sein sollte, rücken Sie den Kühlschrank ein Stück weg von der Wand und prüfen Sie die Wasserleitung, die von der Wand über das Wasserzufuhrventil in den Kühlschrank führt. Auf der anderen Seite des Ventils müsste sich ein kleines Plastikröhrchen befinden, das in die Rückseite des Eiswürfelbereiters führt. Kontrollieren Sie die Wasserleitung und das Plastikrohr auf mögliche Schäden, die als Ursache für das Leck infrage kommen und ersetzen Sie die Teile, falls nötig. Stellen Sie aber zuvor die Wasserzufuhr ab, um das Tröpfeln nicht in einen Wasserfall zu verwandeln. Wenn Wasserzufuhr und Röhrchen in Ordnung sein sollten, überprüfen Sie das Ventil auf ein Leck und ziehen Sie es, falls nötig, per Hand oder mithilfe eines schönen großen Schraubenschlüssels fest.

VIERTES PROBLEM. SIE HABEN EINE SCHADHAFTE TÜRDICHTUNG

Wenn Sie alles bisher Beschriebene überprüft haben und immer noch kein Glück haben, bleibt nur die Türdichtung übrig, die Sie sich ansehen müssen. Das ist ein wenig aufwändiger, aber nicht allzu schlimm. Bevor Sie die folgenden Schritte durchführen, vergewissern Sie sich, ob die Dichtung sauber ist – hier sammelt sich im Lauf der Zeit gern Schmutz an, der hin und wieder mit Seifenwasser weggewischt werden muss, um ein festes Schließen der Tür zu gewährleisten. Wenn das Ihr Problem löst, können Sie sich die folgenden Schritte sparen.

Erster Schritt. Prüfen Sie, ob der Kühlschrank wegen eines sich neigenden Fußbodens womöglich vornübergebeugt ist. Ist dies der Fall, könnte es der Grund sein, warum die Tür nicht so dicht schließt, wie sie es eigentlich sollte. Deshalb müssen Sie die Vorderfüße verlängern, um die Neigung auszugleichen und um das benötigte Gleichgewicht wiederherzustellen. An die Füße kommen Sie so gut wie immer über die vordere Grundplatte ran, wo Sie ein Scharnier finden, das von einer oder mehreren Schrauben gehalten wird.

Zweiter Schritt. Lösen Sie diese Schrauben, passen Sie den Winkel des Scharniers an und ziehen Sie die Schrauben wieder an. Um das zu schaffen, benötigen Sie allerdings die Hilfe von jemandem, der den Kühlschrank ein wenig nach hinten beugt, während Sie arbeiten. Außerdem brauchen Sie einen kräftigen Schuss WD-40, falls die Schrauben zu fest sind.

Dritter Schritt. Sie sollten aber ebenfalls checken, ob die Dichtung Risse bekommen hat und deshalb locker geworden ist, denn das geschieht im Lauf der Zeit und erlaubt, dass Luft in den Kühlschrank hinein- und aus ihm heraustritt. Um das zu überprüfen, halten Sie einen Geldschein Ihrer Wahl in den Kühlschrank und schließen Sie die Tür so, dass eine Hälfte drinnen und die andere Hälfte draußen ist.

Ziehen Sie dann den Schein aus der Tür. Eine heile Dichtung wird ihn festhalten, sodass Sie den Widerstand fühlen können. Eine abgenutzte Dichtung wird wenig Widerstand leisten, oder, wenn sie richtig kaputt ist, wird der Geldschein bereits zu Boden geflattert sein. Wiederholen Sie den Test auf der ganzen Länge der Dichtung, um festzustellen, ob sie ersetzt werden muss. Sollte das der Fall sein, müssen Sie einen qualifizierten Fachmann anrufen, der das für Sie erledigt.

Wie Sie ... einen schadhaften Gefrierschrank reparieren

Das größte und am häufigsten auftretende Problem mit einem Gefrierschrank für den Haushalt besteht darin, dass die Temperatur verrücktspielt. Naturgemäß sollte ein Gefrierschrank frostig kalt sein, oder ihre großen Fleischbrocken fangen an zu tauen, sodass Ihr Sonntagsbraten ruiniert ist. Wenn Ihr Gerät also die Lebensmittel nicht ordentlich kühlt, sollten Sie die folgenden Punkte kontrollieren:

ERSTE KONTROLLE. DIE STROMZUFUHR

Das grundlegendste Problem schlechthin ist, dass der Gefrierschrank keinen Strom bekommt. Im Zweifelsfall stecken Sie ein elektrisches Gerät Ihrer Wahl in die fragliche Steckdose, um zu sehen, ob sie Saft hat. Wenn die Stromquelle kaputt ist, überprüfen Sie die Sicherung oder den Schutzschalter und legen Sie den Schalter wieder um, wenn Sie rausgeflogen ist, bevor Sie den nächsten Schritt tun.

ZWEITE KONTROLLE. DER THERMOSTAT

Machen Sie den Thermostat ausfindig und schalten Sie ihn auf eine kältere Stufe. (Wenn Sie aber das umgekehrte Problem haben – wenn also das Innere mit zu viel Eis bedeckt ist – dann stellen Sie den Thermostat auf eine wärmere Stufe.) Sollte das nichts bringen, ist vermutlich der Regler schadhaft und muss von qualifiziertem Fachpersonal ersetzt werden. Wenn es jedoch nicht am Thermostat liegt, versuchen Sie ...

DRITTE KONTROLLE. ABTAUSCHALTUHR

Wenn das Gerät ordentlich funktioniert, wird die Abtauschaltuhr den Abtauvorgang regeln und den Laden immer schön am Laufen halten. Ist sie kaputt, tut sie es nicht, und Sie sind am Ende alleingelassen mit einem Inneren, das an die Eiszeit erinnert, oder aber mit unabsichtlich aufgetautem Essen. Die Schaltuhr befindet sich häufig hinter dem Gitterrost der Vorderseite, doch sollten Sie dafür lieber Ihr Handbuch konsultieren. Ziehen Sie unbedingt den Stecker, bevor Sie im Inneren herumfummeln, um keinen elektrischen Schlag zu riskieren. Um festzustellen, ob die Zeitschaltuhr funktioniert, wie sie sollte, machen Sie die

Spezialschraube auf der Unterseite ausfindig und drehen Sie sie im Uhrzeigersinn, bis es klickt. Das lässt die Schaltuhr in den nächsten Modus vorrücken, z. B. vom »Kühl«-Modus in den »Abtau«-Modus oder umgekehrt. Wenn die Uhr nicht innerhalb einer halben Stunde in den nächsten Modus vorrückt, ist sie schadhaft und muss ersetzt werden. Leider von einem Profi. Aber wenn es nicht die Abtauschaltuhr ist …

VIERTE KONTROLLE. DIE KONDENSATORSPULEN

Angesammelter Staub oder Schmutz auf den Kondensatorspulen können dafür sorgen, dass die Kühlung nicht mehr so gut funktioniert. Schalten Sie den Gefrierschrank aus, suchen Sie die Kondensatorspulen – sie sehen aus wie ein Metallgitter an der Rückseite oder an der Unterseite des Geräts, häufig bedeckt von einer abnehmbaren Platte – und säubern Sie sie vorsichtig mit einem Tuch oder Staubsauger, um eventuellen Schmutz zu beseitigen.

FÜNFTE KONTROLLE. DIE TÜR

Prüfen Sie, ob sich die Tür satt und angenehm schließen lässt und dabei so abdichtet, wie sie sollte. Ist das nicht der Fall, gelangt Luft in den Gefrierschrank hinein und aus ihm heraus. Im vorigen Kapitel sind die Details zur Kühlschranktürdichtung zu finden. Hier gelten dieselben Regeln.

SECHSTE KONTROLLE. DER FACHMANN HILFT

Falls nichts des Beschriebenen eine Lösung bietet, ist Ihr Gefrierschrank leider kaputt, und Sie müssen sich einen Fachmann ins Haus holen.

KLEINERE KÜCHEN-KATASTROPHEN

Risse in den Tellern, zerbrochene Gläser, Messer, die so gefährlich scharf waren, dass Sie ein Huhn mühelos mit einem Streich köpfen konnten, nun aber dank der ganzen Hiebe und Schläge, die Sie dem Geflügel zugemutet haben, nicht mal mehr Wasser durchschneiden können. Das sind allzu geläufige Verschleißerscheinungen in der Küche, die Ihre kulinarischen Heldentaten ausbremsen. Doch gibt es ein paar Rettungsmaßnahmen, um diese Alltagsärgernisse aus der Welt zu schaffen.

Wie Sie ... einen beschädigten Teller reparieren

Wenn Sie in Grob- begabter sind als in Feinmotorik, dann sind kaputte Teller häufiger in Ihrem Haushalt anzutreffen. Der Schaden kann sich von winzig kleinen Splittern und kaum sichtbaren Rissen bis zu richtigen Brüchen erstrecken, die normalerweise das Ende Ihres Geschirrs bedeuten. Aber das muss nicht sein, da die meisten Brüche mit ein wenig Um-die-Ecke-Denken (und einer Tube Epoxidharz) ganz einfach repariert werden können. Wie Sie den Teller reparieren, hängt von der Schwere des entstandenen Schadens ab. Fangen wir also mit kleinen Beschädigungen an.

EIN TELLER MIT ABPLATZUNGEN

Obwohl Abplatzungen bei einem Teller leicht ignoriert werden können, führt eine unbehandelte Absplitterung rasch zu einem Riss, der wiederum in einen Bruch übergehen kann. Die Schlussfolgerung daraus lautet: reparieren Sie die Abplatzungen und Kerben, bevor sie zu Schlimmerem werden. Für diese Art von Reparaturen müssen Sie eine Tube klares Epoxidharz kaufen, ein Kleber, der aus zwei Teilen besteht: einem Harz und einem Härter. Wenn Sie das erledigt haben, sind Sie bereit. Achten Sie darauf, dass das Epoxidharz als lebensmittelecht zertifiziert ist: Dann sind Sie auf der sicheren Seite.

Übrigens, vermeiden Sie alle schnell bindenden Kleber, sonst müssen Sie sich beeilen, und werden es dabei wahrscheinlich vermasseln.

Erster Schritt. Drücken Sie Harz und Härter, möglichst exakt im Verhältnis 1:1 auf einem Stück Karton aus und mischen Sie die beiden Bestandteile, bis Sie einen glatten Klebstoff haben. Zum Mischen benutzen Sie am besten einen Zahnstocher oder etwas Ähnliches.

Zweiter Schritt. Selbst ein klares Epoxidharz hinterlässt nach dem Trocknen einen gelblichen Stich, was nicht so schön ist, es sei denn, Ihr Teller ist gelb. Tauchen Sie daher die klebrige Spitze des Zahnstochers in einen Topf mit Farbpulver, das dem Farbton Ihres Porzellans am nächsten kommt, und tupfen Sie anschließend das klebrige Pulver auf den Splitter. Fügen Sie den Splitter vollständig in den Teller ein und schmirgeln Sie die Oberfläche mit feinem Schleifpapier.

Dritter Schritt. Geben Sie dem Harz genügend Zeit, um zu trocknen, kratzen Sie dann vorsichtig eventuellen Überschuss mit einer Rasierklinge ab und bewundern Sie einen prima erledigten Job. Gut gemacht.

EIN RISS IM TELLER

Ist erst einmal ein Riss im Teller sichtbar, ist es nur eine Frage der Zeit, bevor er entzweibricht und Sie sich am Kopf kratzen, während Sie sich fragen, wie Sie das wieder in Ordnung bringen können. Wenn Sie den Riss gleich in Angriff nehmen, bevor er zum Bruch des Tellers führt, können Sie sich das Am-Kopf-Kratzen sparen. Zum Glück ist das auch noch ziemlich einfach ...

Erster Schritt. Stellen Sie Ihren Backofen an und bereiten Sie sich darauf vor, den Teller ein klein wenig zu backen. Wir sprechen hier von geringer Erhitzung, gerade warm genug, um den Teller anzuwärmen. Wir wollen ihn nicht grillen. Während Ihr Teller warm wird, sollte er sich ein wenig ausdehnen, sodass sich der Riss ein bisschen weitet. Während also der Teller vor sich hin backt, bereiten Sie Ihr Epoxidharz zu und folgen dabei den oben beschriebenen Anweisungen.

Zweiter Schritt. Wenn sich der Riss geweitet hat, ziehen Sie zwei Topfhandschuhe an und nehmen Sie den Teller aus dem Backofen. Füllen Sie den Riss der Länge nach mit dem Kleber und wischen Sie eventuelle Reste mit einem Wattestäbchen ab, das Sie zuvor in ein Fläschchen Nagellackentferner getaucht haben.

Dritter Schritt. Um kontrollierten Druck auf den Riss auszuüben, kleben Sie ein Stück Kreppband über den ganzen Teller, um ihn festzudrücken. Während der Teller abkühlt, schrumpft er auf seine ursprüngliche Größe zurück, zieht den Kleber in den Riss hinein und stellt so eine feste Verbindung her.

Vierter Schritt. Wenn der Teller vollkommen abgekühlt und das Harz getrocknet ist, entfernen Sie das Kreppband und benutzen Sie eine Rasierklinge, um eventuell Harzreste wegzukratzen. Wenn die Rasierklinge scharf ist, seien Sie vorsichtig.

Übrigens, dasselbe Verfahren gilt für Risse in Tassen und Bechern: backen, kleben, Kreppband drüber, warten, Kreppband ab, fertig.

DER TELLER IST ENTZWEIGEBROCHEN

Diese Reparatur funktioniert nur, wenn es ein sauberer Bruch ist. Und sie funktioniert nur, wenn Sie nicht mehr als zwei Stücke zusammenfügen müssen.

Erster Schritt. Vergewissern Sie sich, dass der Bruch sauber und trocken ist, bevor Sie einen Klecks des Epoxidharzes vermischen, und wählen Sie die Farbe, die der Ihres Tellers entspricht. (Die weiteren Details finden Sie weiter vorn im Kapitel unter »Ein Teller mit Abplatzungen«.)

Schritt 2a. Tragen Sie den Kleber auf beide Bruchstellen des Tellers auf und fügen Sie anschließend die beiden Stücke fest mit der Hand zusammen. Halten Sie sie fest, bis sie sich miteinander verbinden und kleben Sie dann ein Stück Kreppband entlang der Bruchstelle. Legen Sie ihn beiseite und lassen Sie ihn vierundzwanzig Stunden lang trocknen.

Oder ...

Schritt 2b. Eine alternative Methode besteht darin, einen Topf mit Sand zu füllen, sodass eins der zerbrochenen Teile starr aus dem Sand herausragt. Tragen Sie wie zuvor Kleber auf beide Bruchstellen auf und drücken Sie sie zusammen. Dieses Mal jedoch befestigen Sie Wäscheklammern an beiden Enden der Bruchlinie. Das hält die zwei Hälften zusammen, während das Harz trocknet.

Sollten Sie sich ganz besonders draufgängerisch fühlen, könnten Sie den Teller immer noch sowohl mit Kreppband *als auch* mit Klammern sichern, Sie Heimwerkergenie.

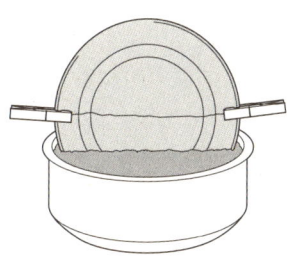

Dritter Schritt. Welche Technik Sie auch bevorzugen mögen, kratzen Sie auf jeden Fall eventuelle eingetrocknete Klebereste mit einer Rasierklinge ab und seien Sie vorsichtig, damit Sie sich die Finger nicht in Streifen schneiden. Waschen Sie den Teller ab und geben Sie ihn wieder zur Benutzung frei.

DER TELLER IST IN TAUSEND STÜCKE ZERSPRUNGEN

Wenn Ihnen der Teller irgendwie in mehrere Stücke zerbrochen ist, dann ist Ihr Job zwar erheblich kniffliger, aber nicht ganz und gar unschaffbar. Sofern alle Teile vorhanden sind, nehmen Sie einen anderen Teller derselben Größe und benutzen Sie ihn als eine Art Gussform. Legen Sie Ihren intakten Teller auf eine stabile Oberfläche, und platzieren Sie die Bruchstücke auf dem Teller. Jetzt sollten Sie akzeptieren, dass Sie die nächsten paar Stunden nirgendwo hingehen, und damit anfangen, den zersplitterten Teller Stück für Stück wieder zusammenzusetzen, indem Sie jede Scherbe mit Epoxidharz bestreichen und sie fest an Ort und Stelle zusammenfügen. Erlauben Sie dem Kleber, vollständig zu härten, bevor Sie den Teller wieder benutzen. Und achten Sie in Zukunft darauf, alles zu vermeiden, was dazu führen würde, dass Sie sich jemals wieder dieser mühsamen Aufgabe widmen müssen.

Wie Sie ... einen abgebrochenen Tassenhenkel wieder anbringen

Falls Sie Ihre Lieblingstasse nicht auf den Fußboden fallen gelassen haben und sehen mussten, wie sie in eine Million Scherben zersplitterte, ist ein Tassen-Problem lösbar. Wenn die Tasse an sich unbeschädigt ist, die wir künftig »Die Tasse« nennen werden, und Sie den Henkel haben, den wir als »Der Henkel« bezeichnen werden, dann brauchen Sie nur die zwei Teile zusammenzukleben. Das ist wahrscheinlich die einfachste Reparatur im ganzen Buch ...

Erster Schritt. Waschen Sie die Teile in heißem Wasser und lassen Sie sie vollständig trocknen. Sie sollten insgesamt zwei Teile haben – Den Henkel und Die Tasse – wobei Die Tasse zwei nicht glasierte kreisähnliche Stellen hat, wo zuvor Der Henkel befestigt war und wo Sie diesen wieder ankleben müssen.

Zweiter Schritt. Tragen Sie wasserfesten Keramikklebstoff auf die Bruchstellen auf und achten Sie darauf, dass Sie zwar genug Klebstoff nehmen, aber auch nicht so viel, dass er auf die Tasse und auf Ihre Hände tropft, wenn Sie die Teile passgenau zusammendrücken.

Dritter Schritt. Halten Sie die Teile passgenau fest zusammen, bis der Kleber getrocknet ist. Oder aber, wenn Sie keinen Bock darauf haben, diese Stellung eine Zeit lang zu halten, halten Sie sie nur so lange fest, bis der Kleber bindet und wickeln Sie dann ein Stück Kreppklebeband um Die Tasse und Den Henkel, damit sie fest sitzen. Dann können Sie Ihrer Wege gehen und etwas Spannenderes tun.

Vierter Schritt. Sobald der Kleber vollständig getrocknet ist, dichten Sie die Kanten des Risses mit einer kleinen Perle des wasserfesten Klebstoffs ab, um das Ganze abzusichern und um zu verhindern, dass Schmutz durch die Oberfläche dringt. Mit einem Naturholzstäbchen können Sie die Oberfläche glätten. Lassen Sie alles gut trocknen und feiern Sie einen halbwegs vernünftigen Job mit einer schönen Tasse Tee oder Kaffee.

Wie Sie ... einen abgebrochenen Glasstiel reparieren

Am häufigsten brechen Glasstiele bei Gläsern, die einen Glasstiel haben, also z.B. bei Wein- oder Champagnergläsern. Das lässt sich folgendermaßen wieder in Ordnung bringen:

Erster Schritt. Kaufen Sie einen lebensmittelechten und wasserfesten Glasklebstoff, tragen Sie ihn an beiden Teilen der Bruchstelle auf, und drücken Sie sie behutsam aber fest wieder zusammen. Halten Sie das Glas ein paar Sekunden lang, gerade lange genug, damit die Teile sich verbinden können.

Zweiter Schritt. Stellen Sie das Glas auf einer flachen, stabilen Oberfläche ab und kleben Sie zwei Streifen Kreppklebeband kreuzweise um das Glas herum (siehe Abbildung). Das übt einen sanften, gleichmäßigen Druck aus, den das Glas braucht, damit die Verbindung stabil wird.

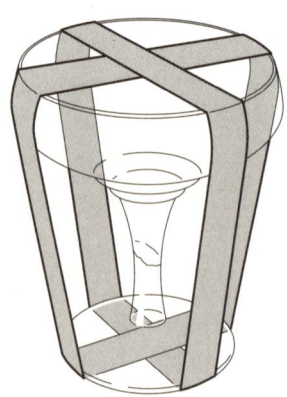

Dritter Schritt. Lassen Sie das Glas lange genug stehen, damit der Kleber vollständig trocknen kann (ziehen Sie dafür die Packungshinweise zu Rate) und verwenden Sie schließlich eine Rasierklinge, um behutsam eventuelle Klebereste abzukratzen. Spülen Sie das Glas, bevor Sie es wiederverwenden.

Übrigens, wenn ein Glas einen anderen Riss oder Bruch hat, werfen Sie es sofort weg und kaufen Sie ein neues oder gebrauchtes, aber ganzes. Das Risiko, dass das geklebte Glas später in Ihrer Hand, oder schlimmer noch, an Ihrem Mund zerbricht und Sie für den Rest Ihres Lebens entstellt, ist einfach zu groß. Lassen Sie es nicht darauf ankommen.

Wie Sie … stumpfe Küchenmesser schärfen (und zwar wie ein Profi!)

Sofern Sie nicht irrsinnig viel Geld für hochwertige, von einem gefeierten Promikoch empfohlene Messer ausgegeben haben, hat man Ihre Küchenmesser so hergestellt, dass sie Flecken und Abnutzung trotzen und eben keine gefährlich scharfen Schneiden haben. Die Hersteller glauben, dass Sie diese Version bevorzugen, doch läuft das Ganze darauf hinaus, dass die Messer mit zunehmendem Gebrauch noch stumpfer werden, und dann wirklich zu stumpf sind.

Folglich ist der Stahl jedoch auch ein wenig weich, sodass man die Messer zu Hause einfach schärfen kann, vorausgesetzt, man hat einen Wetzstahl – einen langen, spitz zulaufenden Stab aus Stahl, den Profiköche benutzen, um Ihre Klingen mit rasend schnellen Bewegungen zu schärfen. Wenn Sie noch keinen Wetzstahl haben, sollten Sie sich einen kaufen. Und da Sie kein Profikoch sind und sich ganz schnell den Arm abschneiden können, wenn Sie zu sorglos mit Ihren Messern umgehen, müssen Sie sie langsamer schärfen und erst einmal die Grundlagen beherrschen.

Erster Schritt. Halten Sie den Wetzstahl senkrecht und stellen Sie die Spitze auf eine Arbeitsfläche. Legen Sie möglichst ein Handtuch dazwischen, um Schäden an der Arbeitsfläche und an der Klinge zu vermeiden und damit Sie das Messer besser kontrollieren können.

Zweiter Schritt. Halten Sie die Schneide des Messers gegen die Kante des Stahls und zwar so nah am Griff wie möglich, wobei die Spitze des Messers nach oben und von Ihnen weg zeigt (siehe Zeichnung). Der Winkel zwischen Schneide und Stahl sollte dabei 18° bis 20° betragen. Dieser Winkel sollte während der Bewegungen, die sie jetzt gleich ausführen werden, möglichst erhalten bleiben.

Dritter Schritt. Ziehen Sie die Kante der Klinge in einer einzigen glatten und schwungvollen Bewegung über den Wetzstahl, wobei Sie einen nur sanften Druck ausüben sollten. Das Ende der Klinge sollte nahe unten, an der Spitze des Stahls, enden.

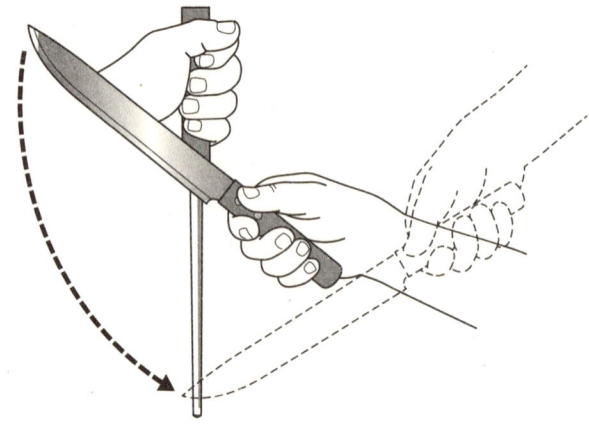

Vierter Schritt. Ein halbes Dutzend beherzte Bewegungen sollten genügen. Wiederholen Sie dann den Vorgang auf der anderen Klingenseite. Um die Klingen scharf zu halten, sollten Sie
Ihre Messer regelmäßig dieser Prozedur unterziehen.

Wie Sie ... einen Büchsenöffner schärfen

Nichts leichter als das, daher die Kürze dieses Eintrags. Vergewissern Sie sich, dass der Büchsenöffner sauber und alles
Schmierige entfernt ist. Falten Sie ein Stück Aluminiumfolie und
reiben Sie damit die Klinge in voller Länge ab. Je mehr Sie reiben, umso schärfer sollte die Klinge werden.

Wie Sie ... Scheren schleifen

In jeder Küche sollte es mindestens eine Schere mit einer furchterregend scharfen Klinge geben, um eine Speckschwarte durch-
zuschneiden und Fische zu köpfen. Wie alle Klingen, werden
auch Scherenklingen mit der Zeit stumpf, was man allerdings in
Ordnung bringen kann. Sie haben hier zwei gute Möglichkeiten:
die eine ist ziemlich knifflig, die andere ein Kinderspiel.

WARNUNG!
Wie bei allen Klingen sollten Sie darauf achten, dass sie von
Ihrem Körper weg zeigen (Das gilt natürlich auch für die Körper
anderer Personen in der Nähe.)

Erste Option. Die ziemlich knifflige Version bringt es mit sich, dass die angeschrägte Kante der Klinge an einem Wetzstein entlanggezogen werden muss. Das ist ein Steinblock, der meistens die Form eines kleinen Ziegelsteins hat (in Baumärkten oder über das Internet erhältlich) und den es in unterschiedlichen Körnungen gibt – je feiner die Körnung, umso schärfer das Ergebnis.

Der Stein muss vor dem Gebrauch mit einem leichten Maschinenöl eingeschmiert werden, und Sie müssen die Klingen mit einem zügigen, gleichmäßigen Streich von der Spitze bis zum Gelenk – das ist der Punkt, wo sich die beiden Scherblätter treffen – über den Stein ziehen. Folgen Sie dem Winkel der Klinge so genau wie möglich, dann sollte ein halbes Dutzend kräftiger Streiche genügen, um ihr die ursprüngliche Schärfe zurückzugeben.

Wiederholen Sie den Vorgang mit der anderen Klinge. Wenn Sie mit der zweiten Klinge fertig sind, öffnen Sie die Schere ein paar Mal, um eventuelle raue Kanten abzustoßen, die vom Schärfen zurückgeblieben sind – und Sie haben es geschafft.

Zweite Option. Die zweite Alternative ist bei Weitem nicht so knifflig. Kaufen Sie ein Blatt raues Sandpapier und schneiden Sie es mit Ihrer Schere durch. Je mehr Sie schneiden, umso mehr wird die Körnung des Papiers Ihre Klingen wiederbeleben. Und was kleine Scheren angeht, die nicht so viel Pep brauchen, schneiden Sie einfach ein Stück Alufolie einige Male entzwei, um ähnliche Ergebnisse zu erzielen.

Wie Sie ... Silberbesteck wie neu funkeln lassen können

Silberbesteck verliert leider mit der Zeit seinen Glanz, und wenn Scharten, Kratzer und unansehnliche Verfärbungen sie nicht ruinieren, dann erledigen fiese Rostflecken meistens den Rest. Was jedoch kein Grund zur Sorge ist, denn abgestumpftes Besteck wieder wie neu glänzen zu lassen, ist recht einfach, und die folgenden Tipps beheben die meisten Probleme.

Erster Tipp. Erneuern Sie den Glanz von Besteck, indem Sie einen Teelöffel Backnatron auf 850 Milliliter Wasser geben. Gießen Sie die Lösung in einen Topf, legen Sie das Silberbesteck hinein und lassen Sie das Wundergebräu etwa fünf Minuten lang aufkochen und sieden. Entfernen Sie das Besteck, spülen Sie es sauber und lassen Sie es abkühlen, bevor Sie jedes einzelne Stück so polieren, dass es strahlend glänzt.

Zweiter Tipp. Sollten Sie eine unansehnliche Fleckenbildung auf Ihrem Besteck entdecken, stecken Sie den lädierten Gegenstand zum Einweichen in unverdünnten weißen Essig. Spülen Sie ihn danach gut ab, und die Flecken sind Geschichte.

Dritter Tipp. Hartnäckige Flecken auf dem Silberbesteck lassen sich beseitigen, indem Sie sie mit einer Zahnbürste und ein wenig weißer Zahnpasta gut abbürsten. Sie müssen sich allerding ganz schön anstrengen, damit dies funktioniert und aus gutem Grund das Teil sehr gut spülen, bevor Sie es wieder verwenden, sonst wird Ihr saftiges Steak nach Zahnpasta schmecken.

Vierter Tipp. Sollten Sie zufällig ein großer Fan von Eiern sein und Ihre Silberlöffel sind von Eistückchen übersät, dann kann

Ihr Silber schon bald schwarz anlaufen. Das passiert ziemlich häufig, doch die Lösung ist einfach: Reiben Sie schwarze Stellen mit Salz ein, bevor Sie Ihr Silberbesteck wie üblich waschen. Um das künftig zu vermeiden, reinigen Sie das Besteck nach dem Verzehr von Eiern so schnell wie möglich.

Fünfter Tipp. Sollten Sie Rost an Ihrem Tafelsilber entdecken, stecken Sie die Teile einfach in eine Zwiebel und lassen Sie sie eine Weile so liegen. Nehmen Sie das Besteck hin und wieder heraus und stecken Sie es wieder herein, damit die neu fließenden Zwiebelsäfte ihre Magie bewirken können. Beenden Sie den Vorgang, indem Sie das Besteck mit Seife und Wasser abwaschen. Alternativ können Sie das Besteck mit Backnatron und etwas Wasser einreiben, um ähnliche Resultate zu erzielen.

Wie Sie ... ein ramponiertes Schneidebrett aufpolieren

Jahrelanges Hacken und Hauen mit scharfen Messern wird schließlich zu einer Ansammlung unansehnlicher Kratzer, Furchen und Scharten auf Ihrem Holzbrett führen. Die meisten können Sie glücklicherweise ignorieren, aber wenn das Brett derart beschädigt ist, dass seine eigentliche Aufgabe beeinträchtigt ist, dann ist eine Notfallmaßnahme ratsam. Investieren Sie einfach in ein Schabeisen für Holz und fahren Sie damit über das Schneidebrett, um es fast wieder wie neu aussehen zu lassen. Und so geht's ...

WAHLWEISE ...

Um einfach unansehnliche Verfärbungen von einem befleckten Schneidebrett aus Holz zu entfernen, können Sie, statt die ganze oberste Schicht abzurasieren, das Brett mit Salz beschichten und das ganze Ding mit einer saftigen Zitronenscheibe einreiben. Bevor Sie »Meine Güte, ein Wunder ist geschehen!« ausrufen können, sollten die Flecken schon verschwunden sein. (Wenn Sie das Brett mit Zitronen- oder Limonensaft einreiben, beseitigen Sie auch den penetranten Dunst von Knoblauch und Zwiebeln.)

Erster Schritt. Als allgemeine Regel gilt, Sie müssen gleichmäßig über das Brett fahren, um eine sehr dünne Schicht Holz abzutragen (Sie werden das Handbuch für das Schabeisen konsultieren müssen, um eine genaue Einführung in die Technik zu bekommen) und dadurch auch die Kratzer und eventuellen Flecken zu entfernen, die sich angesammelt haben. Arbeiten Sie mit dem Verlauf der Maserung, um eine Beschädigung des Holzes zu vermeiden und biegen Sie das Schabeisen ein wenig in der Mitte, um eine sauberere Oberfläche zu bekommen.

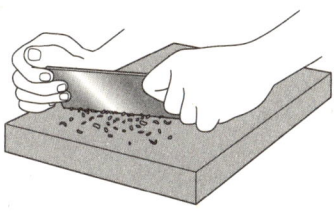

Zweiter Schritt. Wiederholen Sie diesen Schritt, falls nötig, bis das Brett eine frische, gerade Oberfläche hat, mit der Sie zufrieden sind.

Dritter Schritt. Um die Arbeit zu beenden, bürsten Sie das Brett mit einem herzhaften Schuss Pflanzenöl ein, um das Holz gegen künftige Stöße zu schützen. Wenn Sie Ihr Schneidebrett alle halbe Jahre mit Öl behandeln, wird es ewig halten und vielleicht sogar länger.

Wie Sie ... einen angebrannten Topf wieder in Ordnung bringen

Sie haben einen Augenblick nicht auf Ihren kochenden Milchreis aufgepasst, und nun sehen Sie das an: Ihr wertvoller Topf hat einen großen schmutzigen Brandfleck, der einfach nicht weggeht, wie angestrengt Sie auch schrubben. Zugegeben, auch in diesem Topf können Sie noch kochen, aber Ihr Essen könnte seltsam schmecken und das wäre nicht so gut. Glücklicherweise können Sie diesen Missstand beheben, indem Sie Folgendes tun:

Erster Schritt. Füllen Sie Wasser in den Topf und fügen Sie ein paar Löffel Backnatron hinzu.

Zweiter Schritt. Schalten Sie die Herdplatte ein und bringen Sie die Pulvermischung zum Kochen. Danach sollte sich das angebrannte Zeug vom Topfboden gelöst haben.

Dritter Schritt. Waschen Sie den Topf wie immer und er wird so gut wie neu sein. Sie können auch trockenes Seifenpulver auf den Topfboden streuen, solange er noch warm ist, ein kaltes feuchtes Küchenpapier über die betroffenen Stellen legen und die Zaubermischung eine Stunde lang wirken lassen. Wenn Sie zurückkommen, werden sich die angebrannten Teile traumhaft

KLEINERE KÜCHENKATASTROPHEN

gelöst haben (falls angebranntes Essen zu den Dingen gehören sollte, von denen Sie gern träumen).

Wie Sie ... blitzschnell Rost von einer gusseisernen Pfanne lösen

Wie jedes Kind Ihnen erzählen kann, rostet Eisen, wenn es in Kontakt mit Wasser und Sauerstoff kommt – und doppelt so schnell, wenn das Wasser Salz enthält. Jeder weiß das, aber nicht jeder weiß, wie man Rost beseitigt, obwohl es eine idiotensichere Lösung gibt ...

Erster Schritt. Gießen Sie einen guten Schuss Pflanzenöl in die Pfanne und fügen Sie dann eine ähnliche Menge Salz (ob Tafel- oder Meersalz spielt keine Rolle) hinzu. Verwenden Sie einen Topfreiniger/Stahlschwamm, um das salzige Öl in den Rost hineinzuarbeiten, wobei Sie ruhig ins Schwitzen geraten können. Schwenken Sie anschließend Seifenwasser in der Pfanne, spülen Sie die Pfanne mit heißem Wasser aus und trocknen Sie sie mit Küchenpapier ab.

Zweiter Schritt. Um sich gegen die Rückkehr des Rosts zu wappnen (und der Pfanne ihre Antihaftbeschichtung zurückzugeben), sollten Sie den Boden der Pfanne mit Pflanzenöl einreiben, die Pfanne umdrehen und auf Butterbrotpapier legen, um die Tropfen aufzufangen. Stellen Sie die Pfanne anschließend eine Stunde lang bei 180° C in den Backofen. Wiederholen Sie nach einer halben Stunde den Beschichtungsvorgang. Lassen Sie die Pfanne schließlich abkühlen und wischen Sie sie mit Küchenpapier aus, bevor Sie sie wieder benutzen.

Dritter Schritt. Der Trocknungsvorgang (Abkühlen lassen und mit Küchenpaper auswischen) muss einige Male wiederholt werden, bevor die Pfanne gehärtet und vollständig antihaftbeschichtet ist. Das könnte Monate dauern, aber die Mühe lohnt sich. Verwenden Sie nach jedem Einsatz nur Wasser und eine steife Bürste, um die Pfanne zu reinigen, nie Spülmittel, weil Sie nur den Oberflächenschmutz entfernen dürfen und nicht die Ölschichten, die Sie aufgebaut haben. Nutzen Sie die im ersten Schritt beschriebene Methode mit Salz und Öl, um hartnäckige Flecken zu entfernen, samt Stahlschwamm.

WAHLWEISE … KARTOFFELN

Sie wollen bestimmt nicht mit einem Spinner in einem Aufzug steckenbleiben, der über die folgende unglaubliche Lösung für die Reinigung einer rostigen Pfanne gestolpert ist, aber es funktioniert tatsächlich. Schneiden Sie eine rohe Kartoffel entzwei und bestreuen Sie eine Hälfte großzügig mit Waschpulver. Dann benutzen Sie die Kartoffel wie einen Topfreiniger und reiben damit die Innenseite Ihrer rostigen Pfanne ein. Schrubben Sie so lange, bis sich die Kartoffelstärke auf magische Weise mit dem Waschpulver verbindet, um den Rost blitzschnell zu entfernen. Allerdings sollten Sie die Kartoffel anschließend nicht essen, Sie könnten sonst sterben.

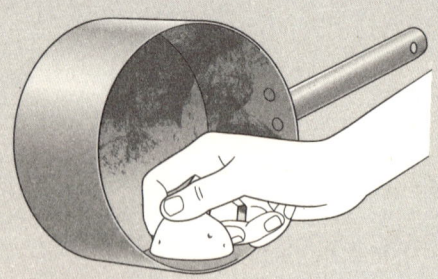

Wie Sie ... rostige Backformen wieder in Ordnung bringen

Schütten Sie genug Cola auf die Backform, um die rostige Stelle zu bedecken und lassen Sie die Flüssigkeit über Nacht einweichen. Dieses zuckerhaltige Getränk lässt zwar Ihre Zähne verfaulen, aber seine mysteriösen Reinigungseigenschaften fressen auch den Rost weg, bis Sie die Backformen einfach sauberwischen können.

5

MÖBEL UND EINRICHTUNG

Dieser Abschnitt behandelt die einfachen Reparaturen, die Sie in Ihrer Wohnung selbst erledigen können, wie zum Beispiel eine quietschende Holzdiele zum Schweigen zu bringen, einen klapprigen, wackligen Stuhl zu reparieren und viele grauenerregende Flecken von Ihrem kostbaren Hochflorteppich zu entfernen. Es interessiert hier niemanden, wie es z. B. zu diesen Flecken kam. Es geht nur darum, Ihnen zu zeigen, wie Sie diese Missstände beheben können.

Wie Sie ... ein quietschendes Bett zum Schweigen bringen

Hier könnte man einen schmutzigen Witz erzählen, aber ganz so tief ist das Niveau hier doch noch nicht gesunken. Ihr Bettgestell quietscht, weil seine Teile gegeneinander reiben (kicher, hüstel, usw.). Die einfachste Lösung besteht darin, es mit Babypuder zu bestäuben oder ein wenig Bienenwachs auf die Gelenke aufzutragen, um die Schmierung zu gewährleisten, die das Gestell benötigt. Bedenken Sie aber, dass dies immer nur eine vorübergehende Lösung sein kann, die jedes Mal wiederholt werden muss, wenn es erneut zu quietschen beginnt.

Um eine länger anhaltende Behebung des Problems zu erreichen, überprüfen Sie alle Schrauben und Verschlüsse, die das Bett zusammenhalten und ziehen Sie sie fest. Noch besser wäre es, das Bett auseinanderzunehmen und sich zu vergewissern, dass Unterlegscheiben für die Schrauben vorhanden sind, die das Bett zusammenhalten – die halten nämlich das Gestell viel länger stabil und sorgen für eine Nacht ohne ärgerliches Gequietsche.

MATRATZENPFLEGE

Um sicherzugehen, dass sich die Matratze nicht so schnell abnutzt und schließlich Einbeulungen in Form Ihres Körpers bekommt, drehen Sie die Matratze einmal im Monat auf die andere Seite, wenn Sie stark genug dafür sind. Das gewährleistet eine gleichmäßige Abnutzung und verlängert die Lebensdauer der Matratze. Und wenn das Bett muffig riecht, streuen Sie ein wenig Backnatron darüber und lassen Sie es vierundzwanzig Stunden einwirken, bevor Sie es mit dem Staubsauger wieder wegsaugen. Backnatron absorbiert nämlich Gerüche.

Wie Sie ... einen wackligen Stuhl oder Tisch reparieren

Von hier aus lässt sich Ihr Problem nicht hundertprozentig eindeutig einschätzen, aber wenn an einem Stuhl oder Tisch ein Bein wackelt, dann ist ein Bein entweder nicht so lang wie die anderen oder die Gelenke sind im Lauf der Zeit locker geworden. Die folgende Lösung in fünf Schritten sollte ein wenig Aufschluss darüber geben:

Erster Schritt. Um das wacklige Bein oder die wackligen Beine zu identifizieren, drehen Sie den Stuhl oder den Tisch um, sodass die Beine nach oben zeigen. Ruckeln Sie vorsichtig an jedem Bein, um das wackelnde zu identifizieren.

Zweiter Schritt. Halten Sie nach eventuellen Halterungen Ausschau, die die Beine festhalten und ziehen Sie die Schrauben fest, die es nötig haben. Das könnte schon ausreichen. Wenn nicht, lesen Sie weiter ...

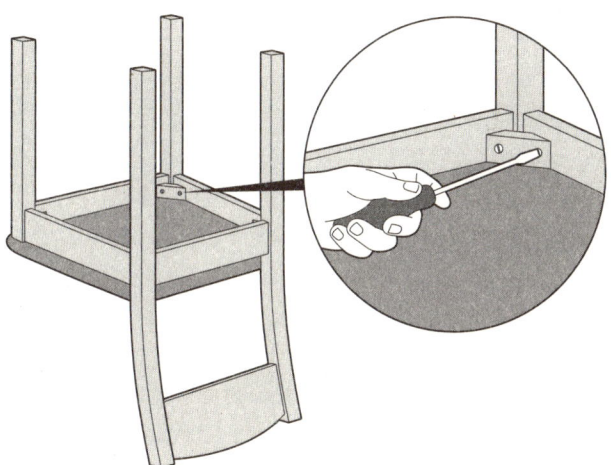

Dritter Schritt. Überprüfen Sie an der Unterseite jedes Beins, ob es Gleiter hat. Das sind in den meisten Fällen kleine Filzscheiben, die verhindern, dass Stuhl oder Tisch Kratzer im Fußboden hinterlassen. Wenn einer dieser Gleiter verlorengegangen sein sollte, ist der Tisch aus dem Gleichgewicht gekommen. Ersetzen Sie den (in jedem Drogeriemarkt erhältlichen) Gleiter und Sie sind fertig.

Vierter Schritt. Vergewissern Sie sich, dass alle Gelenke festgezogen sind. Wenn nötig, ziehen Sie Schrauben fest und sichern Sie das Gelenk mit einem Holzklebstoff. Während der Klebstoff trocknet, halten Sie es mit einer Eckklemme oder einer Schnur fest, die Sie um das Gelenk und ein anderes Bein des Stuhls oder Tischs wickeln.

Fünfter Schritt. Sollte das Problem bestehen bleiben, könnte es daran liegen, dass durch allgemeine Abnutzung ein Bein kürzer geworden ist als die anderen. Messen Sie den Unterschied und schneiden Sie ein Stück Naturkork, ein dickes Stück Filz oder einen Keil aus Karton auf die richtige Größe und Form zurecht. Kleben Sie das Stück an die Unterseite des kurzen Beins, und sobald der Kleber angetrocknet ist, können Sie Stuhl oder Tisch wieder ganz normal benutzen.

Wenn Sie mutig genug sein sollten, gäbe es noch eine Alternative: Messen Sie jedes Bein aus, um zu bestimmen, ob sie alle dieselbe Länge haben. Ist eins kürzer als die anderen drei, markieren Sie die kürzeste Länge an den anderen drei Beinen und schmirgeln Sie jedes der längeren Beine mit Sandpapier zurecht, bis Sie die Markierung erreichen. Verwenden Sie am Anfang raues Sandpapier und greifen Sie am Ende auf eine feinere Körnung zurück.

Wie Sie ... knarrende Treppenstufen zum Schweigen bringen

Wenn eine Treppenstufe knarrt, liegt es normalerweise daran, dass sich die zwei Teile, aus denen sie besteht, im Lauf der Zeit gelockert haben und sich jetzt jedes Mal aneinander reiben, wenn Sie darauf treten. Die zwei sich reibenden Teile sind die »Trittstufe« – das horizontale Stück, auf das Sie treten, wenn Sie die Treppe hoch oder runter laufen – und die »Setzstufe« – das vertikale Stück Holz, auf dem die Trittstufe sitzt. Schauen Sie sich die Zeichnung an, dann wird Ihnen klar, worum es geht. Sollte jedoch ein Stück Teppich über dem Holz liegen, müssen Sie ihn zuerst entfernen.

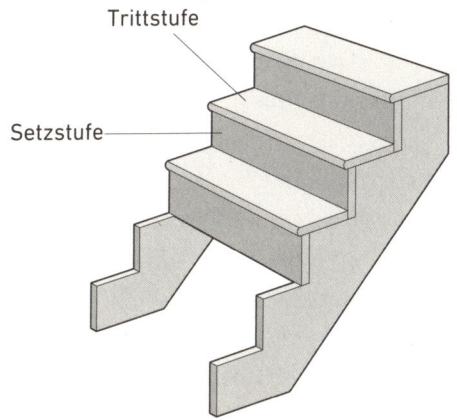

Trittstufe

Setzstufe

Erstes Problem. Tritt das Knarren vorne auf der Stufe auf, lautet die einfachste Lösung, einen Nagel im Winkel von 45° durch die Trittstufe in die Setzstufe zu schlagen, womit die beiden Teile wieder zusammengefügt werden. Schlagen Sie ein paar Zentimeter entfernt einen zweiten Nagel im entgegengesetzten Winkel von 45° ein, um maximale Festigkeit zu erreichen.

Zweites Problem. Ist das Knarren an der Stufe hinten zu hören, streuen Sie talkumfreies Babypuder auf die Stufe und arbeiten Sie es in die Fuge ein, um die Teile geschmeidig zu machen. Das ist nur eine vorübergehende Lösung, die Sie ab und zu wiederholen müssen, aber es sollte das Knarren für eine Weile stoppen.

Wie Sie ... knarrende Holzdielen reparieren

Wenn Holzfußböden alt werden, schrumpft das Holz und biegt sich, was dazu führt, dass sich der Fußboden vom Unterboden trennt. Wenn sich die zwei Böden voneinander trennen, reiben sich die Dielen jedes Mal, wenn Sie darüber hinweggehen, aneinander, was zu einem nervenden Knarren führt. Um dieses lästige Geräusch zu verhindern, wählen Sie eine der folgenden Optionen:

Die schnelle Lösung: Schmieren Sie zwei aneinander reibende Bretter, indem Sie Kreidepulver auf die betreffende Stelle streuen. Streuen Sie es zwischen die Bretter, was eine vorübergehende Schmierung bewirken sollte. Treten Sie ein paar Mal auf das Brett, um das Puder einzuarbeiten und saugen Sie anschließend mit dem Staubsauger die Reste weg. Sie dürften jetzt kein Knarren mehr hören.

Die kompliziertere Lösung: Prüfen Sie, ob das Brett von einer Schwelle getragen wird. Das ist ein großer Stützbalken aus Holz, der unter Ihren Fußbodenbrettern entlang läuft. Wenn das Brett nicht auf der Schwelle aufliegt, wird es im Lauf der Zeit durchhängen. Die Lösung besteht darin, das Brett so vorsichtig wie möglich abzunehmen und eine Dachlatte seitlich am Stützbalken anzuschrauben, wodurch das Dielenbrett abgestützt wird. Legen Sie das Brett wieder an Ort und Stelle und befestigen Sie es mit Schrauben.

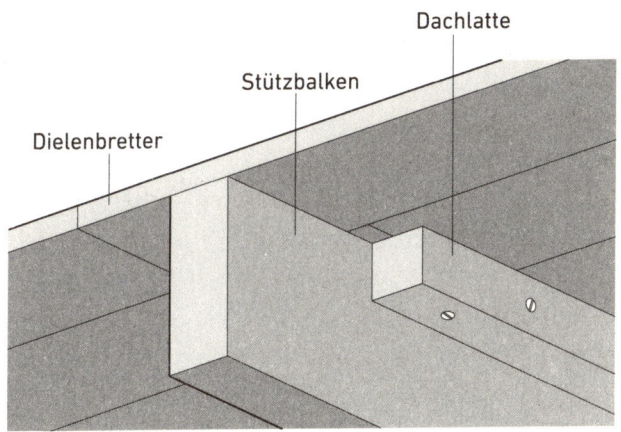

Dachlatte

Stützbalken

Dielenbretter

Der letzte Ausweg: Wenn die bisherigen Optionen nicht funktionieren, läuft die endgültige Lösung darauf hinaus, einen Nagel in den Fußboden zu schlagen, um Boden und Unterboden miteinander zu verbinden und das Knarren zu beseitigen. Dafür müssen Sie einige Sparrennägel kaufen, da sie so konzipiert sind, dass sie sich im Holz verdrehen und auf diese Weise einen festeren Halt erzeugen als normale Nägel.

Gehen Sie über die Dielen, bis Sie das nervende Knarren lokalisiert haben und schlagen Sie dann den Nagel (für einen besseren Halt) durch das Dielenbrett. Treiben Sie ihn tief genug ins Holz, um sicherzugehen, dass der Nagel in den Unterboden eingedrungen ist. Und wenn Sie durch den Teppich nageln, machen Sie genau dasselbe, aber schütteln Sie den Flor auf, um zu gewährleisten, dass der Nagelkopf schön verdeckt ist, wenn Sie fertig sind.

Wie Sie ... einen Heizkörper entlüften

Ein Heizkörper muss entlüftet werden, wenn Luft in Ihre Zentralheizung eindringt. (Dazu muss man lediglich ein kleines, herausstehendes Ding drehen, bis es zischt, weil die Luft herausströmt.) Das ist ein geläufiges Problem und wird durch Bläschen verursacht, die sich bilden, wenn Wasser erwärmt und abgekühlt wird, und die dann zum höchsten Bereich des Heizungssystems emporsteigen. Diese Luftblasen reduzieren auf dramatische Weise die Wärmemenge, die Ihr Heizkörper abstrahlt, sodass Sie bibbern, selbst wenn Sie den Regler auf »Volle Kanne« gestellt haben. Um Ihre Heizkörper zu überprüfen, müssen Sie sie anfassen: Wenn bei eingeschalteter Heizung der obere Teil spürbar kälter ist als der untere Teil, oder wenn der Heizkörper von oben bis unten kalt ist, muss er entlüftet werden. Hier ist der wissenschaftliche Teil zu Ende, und so müssen Sie entlüften:

Erster Schritt. Stellen Sie die Zentralheizung ab und stecken Sie einen Entlüftungsschlüssel in das Entlüftungsventil – das ist das erwähnte komische herausstehende Ding am oberen Ende des Heizkörpers oder manchmal auch an der Hinterseite. Bevor Sie den Schlüssel umdrehen, wickeln Sie einen alten Putzlappen um das Ventil, um eventuell austretendes Schmutzwasser aufzufangen, das herausspritzen und auf Ihre Hausschuhe oder den Teppich gelangen kann.

Zweiter Schritt. Drehen Sie den Schlüssel entgegen dem Uhrzeigersinn, sodass das Entlüftungsventil eine halbe Drehung vollführt, bis Sie einen zischenden Laut hören – das muss Sie nicht beunruhigen, da es nur das Geräusch der entweichenden Luft ist – und das müsste genügen.

Dritter Schritt. Wenn das Zischen aufhört, ist die Luft entwichen, worauf schmutziges Wasser auf Ihren Putzlappen spritzt. Das ist Ihr Stichwort: Schließen Sie das Ventil wieder, indem Sie es zurück auf seine ursprüngliche Position drehen – eine halbe Drehung im Uhrzeigersinn. Das war die erste Entlüftung, überprüfen Sie nun die anderen Heizkörper, um festzustellen, ob Ihre Arbeit getan ist. Wenn auch sie entlüftet werden müssen, dann wiederholen Sie die gerade beschriebenen Schritte. Und denken Sie daran, dass Experten dazu raten, Ihre Heizkörper zwei Mal jährlich zu entlüften. Sie sollten einen Eintrag in Ihr Tagebuch machen.

WARNUNG!

Wenn die Entlüftung nichts bringt, könnten sich Rost oder Eisenoxid im System befinden, was dazu führt, dass die Heizkörper von der Wand genommen und mit Wasser ausgespült werden müssen, um rostrotes Schlammwasser abzulassen. Es könnte sogar sein, dass der Heizkörper ersetzt werden muss, und Sie sind ja wahrscheinlich schon zu der Erkenntnis gelangt, dass man einen Job dieser Größenordnung lieber den Experten im Overall überlassen sollte. Begrenzen Sie Ihren Schaden und rufen Sie sie lieber zu früh als zu spät an.

Wie Sie ... klemmende Schubladen aus Holz reparieren.

Schubladen aus Holz klemmen oder laufen aus zwei Gründen stockend: Entweder haben sich Teile gelockert und verhindern so einen geschmeidigen Lauf der Schublade, oder das Holz ist vor allem unter feuchten Bedingungen angeschwollen und außer Form geraten, sodass es jedes Mal zum Kampf wird, die Schublade zu öffnen, um eine Hose herauszuholen. Wie dem auch sei, das lässt sich leicht in Ordnung bringen ...

Erster Schritt. Entfernen Sie behutsam die Schublade und prüfen Sie, ob es Blockierungen gibt. Lockere Nägel und Schubladenführungen können häufig Widerstand verursachen, sodass die Schublade steckenbleibt. Entfernen Sie alles, was sich von Hand entfernen lässt (oder schlagen Sie lose Nägel wieder ein, falls das das Problem sein sollte), schmieren Sie anschließend die oberen und unteren Kanten der Schublade mit einem ordentlichen Klumpen Bienenwachs oder einfacher Seife ein und schieben Sie die Schublade wieder an Ort und Stelle. Das sollte genügen, um sie wieder geschmeidig öffnen und schließen zu können.

Zweiter Schritt. Wenn der erste Schritt das Problem nicht löst, könnte es sein, dass die Feuchtigkeit das Holz durchdrungen hat, was zum Anschwellen der Schublade geführt und sie zu voluminös für ihren Rahmen gemacht hat. Entfernen Sie in diesem Fall die Schublade (was anstrengend sein kann) und schleifen Sie behutsam mit Schleifpapier eine **sehr dünne Schicht** Holz von den Seiten und der Rückseite ab. Schleifen Sie ausschließlich per Hand und verwenden Sie dafür ein Blatt mit mittlerer Körnung (80–100), sonst könnten Sie eine zu dicke Schicht abschleifen, sodass die Schublade zu wackelig wird, um zu passen, und das wäre genauso schlimm wie eine zu eng sitzende Schublade. Schleifen Sie ein wenig und prüfen Sie, wie die Schublade läuft. Falls nötig, schleifen Sie noch etwas mehr ab und prüfen Sie erneut. Sobald alles passt, schmieren Sie die Kanten (wie im ersten Schritt) ein und setzen Sie die Schublade wieder ein. Und damit die Schublade künftig nicht mehr anschwillt, sollte ein wenig Holzlack, z.B. Polyurethanlack, an beiden Seiten und an der Unterseite genügen.

Wie Sie ... klemmende Schubladen aus Kunststoff oder Metall reparieren

Wenn die eingeklemmte Schublade aus Kunststoff oder Metall statt aus Holz ist, sollte sie nicht annähernd so häufig steckenbleiben, weil diese Materialien ihre Form nicht so schnell verändern. Sollte es dennoch geschehen, prüfen Sie, ob es Blockierungen gibt, tragen Sie ein wenig Schmiermittel auf die Teile auf, und sie sollten wieder geschmeidig laufen.

Wie Sie ... eine quietschende Tür in Ordnung bringen

Eine quietschende Tür ist normalerweise auf Reibung im Scharnier zurückzuführen. Das Quietschen verhindert nicht das Öffnen und Schließen der Tür, sodass sie im eigentlichen Sinn nicht »kaputt« ist, aber wenn das Problem nicht angegangen wird, wird es Sie in den Wahnsinn treiben. Was lächerlich ist, wenn Sie lesen, wie leicht das zu verhindern ist ...

Erster Schritt. Besprühen Sie die Scharniere mit einem leichten Schmier- oder Kriechöl wie zum Beispiel mit WD-40.

Zweiter Schritt. Wenn danach das Quietschen nicht verstummt sein sollte, schauen Sie sich die Stifte der Scharniere an und schlagen Sie vorsichtig mit einem Nageltreiber oder Versenker (das ist ein kurzer Stahlstab mit einem spitz zulaufenden Ende, um Dinge einzuschlagen, insbesondere Scharnierstifte) jeweils auf das untere Ende des Stifts. Ein paar kontrollierte Schläge an der Unterseite des Stifts nach oben, und seine Oberseite sollte auftauchen und aus dem Scharnier herausschauen. Sprühen Sie Schmieröl auf den Stift, um ihn zu beschichten, stoßen Sie ihn mit Ihrem Nageltreiber zurück an Ort und Stelle und wischen Sie Schmierölreste vom Scharnier und von der Tür ab. Wiederholen Sie diesen Vorgang mit den anderen Scharnieren.

Übrigens sollten Sie daran denken, dass keine der oben beschriebenen Reparaturen Dauerlösungen sind. Das heißt, Sie müssen das nächste Mal, wenn das Quietschen wiederkommt, dieselbe Prozedur noch einmal durchführen.

Wie Sie ... wacklige Türscharniere reparieren

An den Scharnieren hängt eine ganze Menge Gewicht, besonders bei schweren Türen. Da ist es kein Wunder, dass es passieren kann, dass sich die Schrauben lockern, und folglich die Tür nicht mehr so hängt, wie sie hängen soll, und auch nicht mehr richtig in den Rahmen passt. Glücklicherweise könnten Sie dieses Problem im Schlaf erledigen: Sie müssen dafür lediglich das durchhängende Ende der Tür mit Zeitungspapier abstützen, sodass es wieder auf gleichem Niveau ist. Anschließend ziehen Sie die Schrauben fest und können zuschauen, wie Scharnier und Tür sich wieder anpassen. Natürlich hätten Sie wahrscheinlich selbst darauf kommen können. Aber was ist, wenn das Festziehen nicht funktioniert? Gute Frage. Nun, dann müssen Sie die Schraubenlöcher selbst überprüfen. Häufig drehen sich zwar die Schrauben, finden aber keinen Halt – da liegt es nahe, dass die Schraubenlöcher im Lauf der Zeit ausgeleiert und verschlissen sind und den Schrauben keinen Halt mehr bieten. Diese Reparatur ist komplizierter als das simple Festziehen der Schrauben, aber auch wieder nicht allzu schwer ...

Erster Schritt. Machen Sie die mangelhaften Schraubenlöcher aus und entfernen Sie dann die Schrauben, sodass Sie die Tür aus den Scharnieren heben können. Heben Sie also die Tür aus den Scharnieren, legen Sie die Schrauben sicher auf die Seite und lehnen Sie die Tür an irgendetwas Stabiles.

Zweiter Schritt. Stecken Sie in Holzleim getauchte Zahnstocher oder Streichhölzer (ohne den Schwefelkopf) in das ausgeleierte Schraubenloch. Lassen Sie den Leim trocknen und benutzen Sie anschließend eine Bügelsäge, um eventuell herausstehende Zahnstocher-Enden abzusägen und schleifen Sie obendrein die Ränder des Lochs sauber.

Dritter Schritt. Hängen Sie die Tür wieder ein und verwenden Sie dafür zuerst die anderen funktionsfähigen Schraubenlöcher. Bohren Sie dann vorsichtig ein kleineres Loch in das Zahnstocher-/Streichholzloch und schrauben Sie vorsichtig die letzte Schraube ein. Die Zahnstocher oder Streichhölzer sollten genügend Halt bieten, um das Türscharnier zu befestigen und es wieder eine Zeit lang an Ort und Stelle zu halten.

SONSTIGE DEFEKTE

Feuchte Luft kann bei einigen Holztüren (vor allem im Innenbereich) dazu führen, dass sie außer Form geraten. Sie quellen auf, passen nicht mehr in ihre Rahmen und lassen sich nicht mehr schließen. In einfachen Fällen genügt es, ein Stück feuchte Seife über die betroffene Kante zu reiben, um die Tür zu schmieren, damit sie wieder in ihren Rahmen passt, wenngleich das natürlich nur für den Moment Abhilfe schaffen kann. Eine bessere Lösung besteht darin, mit einem Schleifklotz die Tür dort zu bearbeiten, wo sie nicht mehr in den Rahmen passt, um sie so millimeterweise zu kürzen. Wenn diese Maßnahme nicht ausreicht, muss die Tür gehobelt werden, bis sie wieder in den Rahmen passt. Diesen Job sollten Sie lieber einem Fachmann überlassen, der weiß, was er tut.

Wie Sie ... einen wackligen Türgriff reparieren

Diese Reparatur gilt vor allen Dingen für einen etwas altmodischen Knauf oder Türen mit Griffblatt, und doch könnte die Reparatur kaum leichter sein. Bei unkompliziert aufsteckbaren Henkeln, die nur über eine Stellmutter fixiert werden müssen, muss diese lediglich mit einem Inbusschlüssel angezogen werden, bis der Henkel nicht mehr wackelt. Sieht der Griff komplizierter aus, gehen Sie wie folgt vor:

Erster Schritt. Schauen Sie sich die Klinke des Türgriffs an, und Sie sollten ein sehr kleines, federaktiviertes Metallstück finden. Aktivieren Sie diese Feder entweder per Hand oder indem Sie

sie mit einem kleinen flachen Schraubendreher drücken, dann sollte sie aufschnappen und den Türgriff freigeben.

Zweiter Schritt. Ziehen Sie den Türgriff ab und entfernen Sie anschließend die Abdeckplatte aus Messing oder Chrom, die darunter sitzt. Nun sollten Sie ein paar Schrauben sehen, die den Türgriff festhalten. Wenn der Türgriff wackelt, dann haben sich die Schrauben gelockert, obwohl sie noch immer in ihren Bohrlöchern sitzen sollten. Ziehen Sie alle Schrauben fest, und der Türgriff sollte besser sitzen.

Dritter Schritt. Setzen Sie die Abdeckplatte wieder ein und schieben Sie schließlich den Türgriff zurück an Ort und Stelle. So viel zur kurzen und langen Version – Ihr Problem mit dem wackligen Türgriff sollte jetzt der Vergangenheit angehören.

Wie Sie ... ein klemmendes oder schwergängiges Türschloss reparieren

Wenn sich Ihr Schlüssel nur noch schwer ins Schloss stecken lässt oder er sich zwar hineinstecken, aber nur mit Mühe drehen lässt, müssen die inneren Teile des Schlosses mit ziemlicher Sicherheit geschmiert werden. Am besten ist es, hierfür Graphitpulver zu verwenden, da es geruchlos und vor allem dafür konzipiert ist, im Schloss zu bleiben, statt sich am Schlüssel, an Ihren Händen und schließlich auf Ihrer Hose abzusetzen und somit Ihr ganzes schickes Outfit zu ruinieren. Das wäre natürlich schade, kann mit Graphitpulver aber zum Glück nicht passieren. Sobald Sie sich eine Dose besorgt haben, gibt es eine simple Lösung für das Problem.

Erster Schritt. Verteilen Sie eine kleine Menge Pulver rund um das Schlüsselloch und in das Schlüsselloch. Stecken Sie Ihren Schlüssel hinein und drehen Sie ihn einige Mal herum, um den Graphit im Schloss zu verteilen.

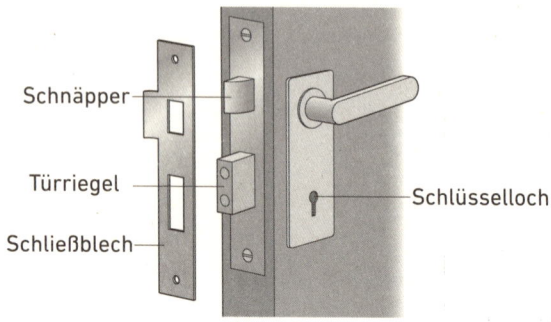

Schnäpper

Türriegel

Schließblech

Schlüsselloch

Zweiter Schritt. Und weil Sie schon mal dabei sind, bearbeiten Sie am besten auch gleich den Türriegel mit Graphitpulver. Schließen Sie die Tür und drehen Sie den Schlüssel um, der wiederum den Riegel dreht, was wiederum den Graphit in das Schließblech hineinarbeitet, was im Gegenzug Sie selbst glücklich macht, weil Ihr Schloss wieder so funktioniert, wie es sollte.

Wie Sie ... zerkratzte Fenster in Ordnung bringen.

Eine Fensterscheibe, die sich im Lauf der Zeit ein paar kosmetische Kratzer und Schrammen eingefangen hat, muss nicht ersetzt werden. Das wäre eine grobe Überreaktion und eine Zeit- und Geldverschwendung. Stattdessen können Sie den Kratzer mit einem Klecks weißer Zahnpasta ausbessern, mit der Sie den Kratzer vollständig bedecken und ausfüllen und die Zahnpastareste behutsam mit einer Rasierklinge abziehen. Erlauben Sie der Zahnpasta zu trocknen, bevor Sie sie vorsichtig mit einem sauberen, weichen Tuch und mit kleinen, kreisförmigen Bewegungen hineinreiben. Polieren Sie die Stelle, bis die Zahnpasta verschwunden ist und den Kratzer mitgenommen hat (zumindest scheint es so zu sein, während in Wirklichkeit die Schleifmittel in der Zahnpasta behutsam den Kratzer ausgebügelt haben).

Übrigens, grundsätzlich gilt: Wenn Sie mit einem Fingernagel über die Glasscheibe fahren und dabei an einem Kratzer hängenbleiben, ist der zu tief, um ihn zu reparieren. Sollte das der Fall sein, kontaktieren Sie so bald wie möglich einen Fachmann, bevor Ihnen die Fensterscheibe auf die Füße fällt.

Wie Sie ... eine Delle im Mobiliar ausbessern

Wenn das fragliche Möbelstück eine farbige Oberfläche hat, dann ist diese Reparatur ein Kinderspiel. Tatsächlich ist es ein Kinderspiel mit Pommes und Eiscreme.

Erster Schritt. Beseitigen Sie eventuellen Schmutz von der betroffenen Stelle und vergewissern Sie sich, dass sie staubtrocken ist. Spachteln Sie dann die Delle mit Holzkitt aus. Lassen Sie den Holzkitt vierundzwanzig Stunden lang trocknen.

Zweiter Schritt. Schleifen Sie die Holzkittreste mit einem 200er-Schleifpapier ab, bis die Oberfläche eben ist. Wickeln Sie das Papier um einen Holzklotz, damit Ihnen die Schleifbewegung – und Ihr Leben – leichter fallen. Tragen Sie anschließend einen Lack im passenden Farbton auf, und Sie haben es geschafft. Ein Klacks.

Hat das Möbelstück aus Holz jedoch eine farblose Lackierung, wird die Arbeit ein wenig komplizierter ...

Erster Schritt. Reinigen Sie die betroffene Stelle und tragen Sie den Holzkitt auf, wie es im vorangegangenen ersten Schritt skizziert wurde, streichen Sie dann aber zur Probe fünf Kleckse Holzkitt auf ein Stück Holz.

Zweiter Schritt. Warten Sie vierundzwanzig Stunden und schleifen Sie den Kitt, wie zuvor, auf dem Möbelstück glatt. Um jedoch sicher zu gehen, dass Sie den passenden Lack verwenden, kaufen Sie sich einen Topf Farbe, die ein wenig dunkler als die Holzlackierung ist, sowie eine Flasche Farbverdünner. Mischen Sie Farbe und Farbverdünner in vier getrennten Behältern in den Verhältnissen 8:1, 4:1, 2:1 und 1:1. Verwenden Sie anschließend einen sauberen, trockenen Lappen und tragen Sie die Mischungen jeweils auf die Testkleckse auf, die Sie am Tag zuvor im ersten Schritt vorbereitet haben. Den fünften Klecks bestreichen Sie mit der unverdünnten Farbe.

Dritter Schritt. Kaufen Sie einen Glanzlack, den Sie mit einem Tuch auftragen können und der mit der ursprünglichen Politur des Möbelstücks übereinstimmt. Tragen Sie den Lack mit einem anderen sauberen Lappen auf jeden Testklecks auf, und Sie werden fast augenblicklich die beste Übereinstimmung erkennen. Stellen Sie schließlich die endgültige Mischung im richtigen Verhältnis von Farbe und Verdünner her, tragen Sie sie auf das Möbelstück auf und polieren Sie die Stelle mit dem Glanzlack.

SCHNELLINSTANDSETZUNG
Eine weniger konventionelle Lösung des Dellenproblems geht mit folgender Maßnahme einher: Reiben Sie die Delle mit einem

Walnusskern ein, und zwar in sanften, kreisförmigen Bewegungen und staunen Sie, wie dessen natürliche Öle wie von Zauberhand die Fehlerstelle ausfüllen. Reiben Sie weiter, gönnen Sie der Delle ein wenig Ruhe und wiederholen Sie dann den Vorgang, um eine zweite Schicht aufzubauen. Reiben Sie die Delle immer wieder ein, bis sie ausgefüllt ist. Polieren Sie die Stelle schließlich mit einem weichen Tuch, und die Delle sollte verschwunden oder zumindest nicht mehr so auffällig sein. Das funktioniert natürlich nur bei einer eher flachen Delle, bzw. ist nur dann einen Versuch wert, da die Füllung einer erheblichen Vertiefung mit dieser Methode Stunden in Anspruch nimmt.

Wie Sie ... Wandfarbenprobleme in den Griff bekommen

Wenn Sie sich dafür entschieden haben, den Wänden Ihres Hauses einen Farbanstrich zu verpassen, statt sie zu tapezieren, stellen Sie womöglich fest, dass die Farbe nach einiger Zeit Blasen zu bilden beginnt. Doch machen Sie sich keine Sorgen, denn es gibt dafür eine sehr einfache Lösung ...

DAS PROBLEM

Blasen bilden sich, wenn die Farbe nicht mehr an Ihrer Wand haftet. Dies lässt sich auf zu viel Feuchtigkeit zurückführen, weil entweder die Wand nass war, als die Farbe aufgetragen wurde oder die Bedingungen nach dem Anstrich zu feucht waren. Ein anderer Grund könnte Feuchtigkeit sein, die durch die Außenwände sickert. Falls Letzteres der Fall ist, müssen Sie einen Fachmann anrufen, um ein größeres Problem als nur Blasen bildende Farbe in Ordnung zu bringen.

DIE ABHILFE

Die schnellste und einfachste Abhilfe besteht darin, behutsam die Blasen mit einem Farbspachtel abzukratzen, danach die Oberfläche zu trocknen und sauber zu schleifen.

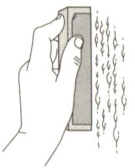

Bereiten Sie die Oberfläche vor und streichen Sie sie mit einer hochwertigen Acrylfarbe für Innenwände, um sicherzugehen, dass sich künftig keine Blasen mehr bilden. Sollte die aufgetragene Farbe beim Trocknen einen anderen Farbton aufweisen, haben Sie keine andere Wahl als die ganze Wand neu zu streichen – als Strafe für Ihre ursprüngliche Pfuscherei.

SONSTIGE MÄNGEL – REISSENDE ODER ABBLÄTTERNDE FARBE

Unaufdringliche Haarrisse an der Wand enden oftmals damit, dass trockene Farbe abblättert und nackte Stellen zurücklässt. Das ist der Preis, den Sie zahlen, weil Sie entweder (a) billige, minderwertige Farbe mit schlechtem Haftvermögen und geringer Elastizität benutzt haben, (b) Ihre Farbe wie ein Material sparender Geizkragen zu dünn verteilt haben oder (c) wie ein ungeduldiger Trottel die Farbe auf eine nicht grundierte Oberfläche gestrichen haben. Kratzen Sie die abblätternde Farbe ab, tragen Sie eine hochwertige Grundierung auf und beenden Sie die Arbeit mit einem ebenfalls hochwertigen Anstrich. Das sollte genügen, um das Problem ein für alle Mal zu beseitigen.

Wie Sie ... beschädigten Putz in Ordnung bringen

Ein auf der Wohnzimmerwand erscheinender schmutziger großer Riss bedeutet nicht zwangsläufig, dass Ihr Haus einstürzt[3]: Es könnte einfach nur ein Anzeichen dafür sein, dass sich das Haus in seinem Fundament absenkt, vor allem dann, wenn es ein älteres Haus ist. Natürlich könnte es auch ein Zeichen dafür sein, dass irgend so ein tollpatschiger Clown mit einem Arbeitsgerät gegen die Wand geschlagen und einen Riss (oder ein Loch) hervorgerufen hat. Wie dem auch sei, die Lösung für dieses Problem umfasst jedenfalls fünf Schritte, die hier aufgeführt sind:

Erster Schritt: Nehmen Sie einen Eimer Fertigputz in Ihrem Baumarkt und fahren Sie nach Hause. Sie sollten jedoch bezahlen, bevor Sie das Firmengelände verlassen.

Zweiter Schritt: Sobald Sie zu Hause sind, entfernen Sie mit einem kleinen Meißel und einem Hammer den losen Putz von der Wand, bis Sie eine feste Oberfläche haben, mit der Sie arbeiten können. Wischen Sie eventuellen Schmutz mit einem weichen Tuch fort.

Dritter Schritt: Trockene Wände können sehr durstig sein, und wenn Sie die Wand verputzen, saugt sie die ganze Feuchtigkeit auf und lässt die Mischung austrocknen. Um sich also zusätzliche Zeit für Ihre Arbeit zu erkaufen, befeuchten Sie die Wand mit Wasser. Verwenden Sie dafür einen Farbpinsel und Leitungs-

---

3 Wenngleich es tatsächlich bedeuten könnte, dass Ihr Haus einstürzt. Falls Sie das vermuten oder der Riss offensichtlich zu tief oder zu lang zum Verfüllen ist, sollten Sie so schnell wie möglich die Hilfe eines Experten in Anspruch nehmen.

wasser oder Wasser aus einer Sprühflasche – und achten Sie darauf, nicht zu viel Wasser zu verwenden. Die Wand soll nicht gesättigt sein.

Vierter Schritt: Verstreichen Sie den Putz über den Riss, indem Sie einen Spachtel oder eine Maurerkelle verwenden. Wenn der Riss tief ist, müssen Sie den Putz stufenweise auffüllen und ihn zwischen den Anwendungen trocknen lassen. Und sollte der Putz zu schnell trocknen, müssen Sie ihn mit Wasser und Bürste erneut befeuchten.

Fünfter Schritt. Wenn Sie die Oberfläche erreichen, sollte die Spachtelmasse aus dem umgebenden Putz herausragen. Verwenden Sie einen nassen Messerspachtel mit sanfter, schwungvoller Bewegung, um die Oberfläche zu begradigen, wobei Sie einen schönen, eleganten Abschluss anstreben. Lassen Sie alles trocknen und streichen Sie mit einer passenden Farbe. Dann sind Sie fertig.

Wie Sie ... Teppichflecken beseitigen

Ganz egal, wie sehr Sie auch achtgeben oder wie ruhig Ihre Hände sind: Irgendwann wird unweigerlich ein großer, hässlicher Fleck Ihren hübschen Hochflorteppich verunstalten. Machen Sie Ihrem Frust mit einem derben Fluch Luft und nehmen Sie dann die Beseitigung des Fleckens in Angriff. Glücklicherweise lassen sich die meisten Flecken mit einer Kombination aus billigen Hausmitteln und einer guten Portion gesunden Menschenverstands entfernen.

WARNUNG!

Sobald es darum geht, irgendeine Lösung auf Ihren Teppich zu reiben, sollten Sie mit etwas Vorsicht ans Werk gehen. Bevor Sie den Fleck in Angriff nehmen, prüfen Sie an einer verborgenen Stelle des Teppichs, die niemand jemals sehen wird (vorzugsweise an einem Rest), dass die Lösung die Fasern nicht auflöst oder die Farbe »lichtet«.

Wenn das passieren sollte und Sie befürchten, dass Sie alles nur verschlimmern, fragen Sie einen Experten. Wenn Sie weitermachen können, vergewissern Sie sich, dass Sie den Fleck mit einem sauberen, weißen Tuch abtupfen, statt ihn zu verreiben oder zu verschmieren.

Die folgende Liste könnte man »Klassische Flecken« nennen:

Fett: Wenn Ihnen beim Fernsehgaffen ein Kotelett auf den Teppich fällt, streuen Sie Backnatron auf den Fleck und lassen Sie es über Nacht einwirken, bevor Sie ihn mit dem Staubsauger bearbeiten.

Kaugummi: Versuchen Sie einmal, ein klebriges Kaugummi aus dem Teppich zu ziehen. Das einzige, was Ihnen dabei gelingt, ist, es über eine größere Fläche zu verteilen, was Ihr Problem verschlimmert. Der Trick besteht darin, das Kaugummi einzufrieren, sodass es spröde wird und sich leicht ablösen lässt. Nehmen Sie also einen Eiswürfel und reiben Sie mit ihm über das Kaugummi hinweg, um es zu verhärten. Warten Sie, bis es schön fest geworden ist und kratzen Sie es dann ganz behutsam ab, um die Teppichfasern nicht zu beschädigen.

Tee & Kaffee: Mischen Sie entweder einen Teelöffel klares, mildes Waschmittel mit einer Tasse lauwarmem Wasser oder mischen Sie eine Tasse aus zwei Drittel warmem Wasser und einem Drittel weißen Essig oder verwenden Sie stattdessen einfach Sprudel, falls die Zeit drängen sollte. Tragen Sie die Lösung Ihrer Wahl mit einem Schwamm auf und tupfen Sie sie dann mit einem sauberen, weißen Tuch oder mit Küchenpapier ab. Tröpfeln Sie schließlich sauberes, lauwarmes Wasser auf die Stelle, um letzte zurückgebliebene Reste Ihres Heißgetränks aufzulösen. Wiederholen Sie, falls nötig, den Vorgang. Lassen Sie alles auf natürliche Weise trocknen. Freuen Sie sich!

Alk #1. Wein: Weißwein ist ein Kinderspiel: Tupfen Sie die Stelle ab und bearbeiten Sie sie mit Seifenwasser.

Rotwein ist im Vergleich dazu ein ganz schöner Mist und muss so schnell wie möglich behandelt werden, sonst verfärbt er sich violett und lässt sich noch schwerer entfernen. Am besten öffnen Sie ein Flasche Weißwein und gießen Sie ein wenig davon auf den roten Fleck. Bearbeiten Sie die Stelle anschließend mit kaltem Wasser. Beim Abtupfen sollte der Rotwein wie von Zauberhand verschwinden.

Sollten Sie keinen Weißwein zur Hand haben, schütten Sie Salz auf den Fleck, bis er bedeckt ist. Das Salz saugt den Rotwein auf. Lassen Sie alles trocken und gehen Sie anschließend mit dem Staubsauger über die Stelle.

Alk #2. Bier: Handeln Sie schnell und wenden Sie eine Mischung aus warmem Wasser und einem Waschmittel an. Lassen Sie sie fünf Minuten lang einwirken, und die meisten Biere sollten sich danach leicht lösen. Dunklere Biere und schon eingetrocknete Flecken sind im Allgemeinen schwerer zu beseitigen, verschwinden aber, wenn Sie Glyzerin in den Fleck hineinreiben, um dessen Bestandteile zu lockern. Anschließend kann man die Stelle in einer Lösung aus warmem Wasser und Borax einweichen und gründlich spülen.

Alk #3. Spirituosen: Für alles andere außer Wein und Bier, das Sie bei exzessivem Konsum hinfallen und Blödsinn stammeln lässt, gilt: Spülen Sie den Fleck mit kaltem Wasser, setzen Sie ein flüssiges Reinigungsmittel ein und lassen Sie es fünf Minuten lang einwirken. Zum Ausspülen verwenden Sie klares Wasser und wiederholen Sie den Vorgang, falls nötig. Sollte der Fleck hartnäckig sein, weichen Sie ihn ein wenig länger ein.

Schlamm: Da gibt es mehrere Möglichkeiten ...

Erste Option. Lassen Sie den Schlamm trocknen und setzen Sie dann ein wenig flüssiges Reinigungsmittel ein und tupfen Sie die Stelle mit einem sauberen, weißen Tuch ab. Sie können zusätzlich ein wenig Essig hinzufügen. Oder ...

Zweite Option. Spritzen Sie weißen Rasierschaum auf den Fleck, lassen Sie ihn ein paar Minuten lang einwirken und tupfen Sie alles mit einem einfachen, weißen Tuch ab. Und ...

Dritte Option. Sorgen Sie dafür, dass alle in Zukunft die Schuhe ausziehen, bevor sie auf dem Teppich herumrennen.

Alle anderen Flecken: Es gibt nicht »die« Lösung für alle Flecken. Wenn dem so wäre, hätten Sie diesen Abschnitt schon längst hinter sich gelassen. Es gibt jedoch mindestens zwei einfache Lösungen, die für viele unansehnliche Flecken infrage kommen. Zur ersten gehört die Mischung aus einer halben Tasse weißen Essig und eineinhalb Tassen lauwarmes Wasser, die Sie auf dem Fleck verteilen. Lassen Sie sie ein paar Minuten einwirken, bevor Sie sie mit einem feuchten, sauberen Tuch entfernen. Wiederholen Sie den Vorgang, falls nötig. Eine Alternative ist ein Teelöffel eines milden Reinigungsmittels, vermischt mit lauwarmem Wasser. Auf dieselbe Weise angewendet, funktioniert das genauso gut.

Wie Sie ... einen verschlissenen Teppich retten

Hier schlagen wir ein paar einfache Lösungen für einige häufig vorkommende Teppichschäden vor.

1. VERJÜNGEN SIE EINEN ABGENUTZTEN TEPPICH

Er ist alt und verschlissen und hat eindeutig bessere Tage gesehen, und dennoch können Sie noch ein paar Jahre aus Ihrem Teppich herausholen, wenn Sie ein wenig Salz über die glanzlosen Stellen streuen und es eine Stunde lang einwirken lassen. Saugen Sie es anschließend weg, und Ihr Teppich wird unglaublich verjüngt aussehen.

2. REPARIEREN SIE GELÖSTE TEPPICHFÄDEN

Fäden lösen sich von selbst im Lauf der Zeit, was jedoch kein Grund zur Sorge ist. Reißen Sie den Faden nicht heraus, da Sie sonst Gefahr laufen, den ganzen Teppich vor Ihren ungläubigen Augen aufzudröseln. Es ist bei Weitem besser, den lästigen Faden kurz abzuschneiden, wobei Sie nichts Aufwändigeres benötigen als eine scharfe Schere. Kürzen Sie den Faden, bis er aus dem Rest des Flors nicht mehr herausragt. Kein Mensch wird es ahnen.

3. BESEITIGEN SIE MÖBELDELLEN IN TEPPICHEN

Schwere Möbel, die eine Zeit lang an derselben Stelle gestanden haben, hinterlassen Dellen im Teppich, die erst sichtbar werden, wenn Sie die Möbel bewegen. Die Möbel nie umzustellen, wäre hier die einleuchtende Lösung, doch wenn Sie nicht darum herumkommen und schließlich diese hässlichen Druckstellen vor Augen haben ...

Wenn es eine kleine Delle ist: Halten Sie ein Dampfbügeleisen 15 Zentimeter darüber, bis der Teppich feucht wird, und bewegen Sie anschließend die Fäden mit dem Rand einer Münze hin und her.

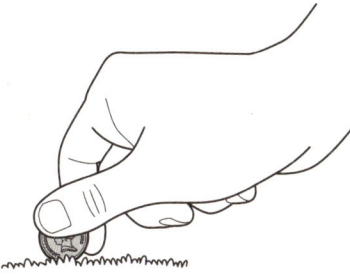

Platzieren Sie als Alternative einen Eiswürfel auf die Delle und warten Sie, bis er schmilzt. Wie durch ein Wunder wird der Teppich dadurch ermutigt, die Delle aufzulösen, allerdings müssen Sie das dabei entstehende Wasser mit einem Schwamm aufsaugen.

Wenn es eine tiefe Delle ist: Befeuchten Sie ein Geschirrtuch oder ein Badetuch (was von der Größe der Delle abhängt) und legen Sie es über die Vertiefung. Üben Sie mit einem Bügeleisen auf der Einstellung Wolle oder Baumwolle sanften Druck aus und lassen Sie das Tuch an Ort und Stelle, bis es trocken ist.

Die kombinierte Wärme und Feuchtigkeit sollte auf wunderbare Weise die Delle aufheben. Sollte die Vertiefung trotz Ihrer besten Bemühungen bestehen bleiben, werden Sie die Hilfe eines Fachmanns in Anspruch nehmen müssen.

4. ENTFERNEN SIE BRANDFLECKEN IM TEPPICH

Heutzutage nicht mehr so geläufig wie früher, aber Zigarettenasche ist immer noch die häufigste Ursache für Brandflecken im Teppich. Nachdem Sie also überall im Haus Schilder mit »Rauchen verboten« angebracht haben, müssen Sie Ihre Vorgehensweise festlegen:

Erster Ansatz. Ist der Brandfleck nicht zu tief, sollten Sie mit einer einfachen Kürzung der verkohlten Teppichfaserspitzen mit Schere oder Rasierklinge davonkommen. Das menschliche Auge wird die geringfügig kürzeren Fasern nicht wahrnehmen.

Zweiter Ansatz. Handelt es sich um eine stärkere Verbrennung, suchen Sie eine Stelle des Teppichs, den Besucher nicht sehen können – ein Teppichrest, der bei Ihnen im Schrank rumliegt, wäre natürlich optimal – und ziehen Sie mit einer Pinzette ein paar Fäden heraus. Zupfen Sie genug davon heraus, dass Sie einen Ball haben, der groß genug ist, um in die Form des Brandflecks zu passen. Drücken Sie einen Klecks Teppichkleber in das Brandloch und drapieren Sie den Faserfusselball zurecht. Beschweren Sie ihn mit einem Stück Papier und einem dicken, schweren Buch (zum Beispiel mit einem Wörterbuch) und lassen Sie das Arrangement trocknen. Laufen Sie zum Schluss ein paar Mal über Ihren Teppich und die Stelle sollte nicht mehr sonderlich auffallen.

6

BADEZIMMER-
ANGELEGENHEITEN

Eines schönen Morgens drehen Sie den Wasserhahn oder die Dusche auf und ... so ein Mist ... es kommt nichts. Kein Wasser, gar nichts. Sie spülen die Toilette und das Abfallprodukt, das Sie gerade hinterlassen haben, rührt sich nicht vom Fleck. Oder, schlimmer noch, anstatt die Schüssel runter zu rauschen, steigt es hoch, immer höher und stürzt über den Rand Ihrer Toilette und lässt einen Jauchetsunami über den Fußboden klatschen. Im Badezimmer gehen Dinge allzu leicht kaputt, doch die meisten Probleme lassen sich recht einfach beheben und Katastrophen sich vermeiden, wenn man ein paar simple Ratschläge befolgt, die in diesem Abschnitt skizziert werden.

Wie Sie ... eine Toilettenverstopfung beseitigen

Wenn bei jeder Toilettenspülung der Wasserspiegel fast bis zum Schüsselrand steigt und dann schmerzlich langsam abfließt, liegt mit ziemlicher Sicherheit eine Verstopfung vor. Langfristig betrachtet müssen Sie wohl Ihre Ernährung umstellen, aber fürs Erste ist es wichtig, die Verstopfung zu isolieren und zu beseitigen. Sie wird sich normalerweise im Schüsselabfluss befinden oder im Abflussrohr, durch das sie austritt – wie dem auch sei, die Verstopfung lässt sich beheben, indem man das Wasser dazu zwingt, durch die Toilette zu rauschen, um den Klumpen aufzulösen.

Beim Versuch, die Toilette wieder freizubekommen sollten Sie nicht den Fehler machen, wiederholt den Spülknopf zu betätigen – dadurch wird lediglich Schmutzwasser nach oben befördert, das über den Rand der Toilette läuft und den Fußboden Ihres Badezimmers überschwemmt. Die bewährte und zuverlässige Lösung besteht darin, in eine große Saugglocke zu investieren und dann folgendermaßen vorzugehen:

Erster Schritt. Schöpfen Sie eventuelles Restwasser in einen Eimer aus, nehmen Sie dann Ihre Saugglocke und drücken Sie sie energisch und so tief wie möglich in die Toilette hinein. Ziehen Sie sie dann langsam wieder hoch – der Gummikopf sollte an Ort und Stelle bleiben, wenn Sie ihn jetzt herunterdrücken und wieder hochziehen, dann wieder herunter und wieder hoch. Wiederholen Sie diese Bewegungen, bis Sie nach einigen Durchgängen hören, wie das Wasser durch die Rohre abfließt.

Zweiter Schritt. Wenn sich die Verstopfung gelöst hat, sollte der Wasserspiegel wieder auf das normale Niveau fallen. Spülen Sie, um zu sehen, ob alles ordentlich geklappt hat. Sollte das

BADEZIMMERANGELEGENHEITEN

Wasser wieder steigen, müssen Sie den beschriebenen Vorgang wiederholen. Und wenn es so einfach nicht klappt, geben Sie sich geschlagen und rufen Sie widerwillig einen Klempner an.

WARNUNG!

Wenn die Toilette ein Leck am Sockel hat, rufen Sie einen Klempner. Sie brauchen eine Dichtungsreparatur, was mit der Demontage der Toilette einhergeht und im Detail genauso kompliziert ist, wie es klingt. Erkennen Sie Ihre Grenzen und wenden Sie sich an einen Fachmann.

Wie Sie ... eine Toilette reparieren, die nicht spült

Es gibt ein paar knifflige Teile im Spülkasten, die womöglich versagen und verhindern, dass der Spülmechanismus richtig funktioniert. Glücklicherweise lassen sich drei übliche Ursachen relativ leicht in Ordnung bringen, ohne dass Sie einen Klempner rufen müssen.

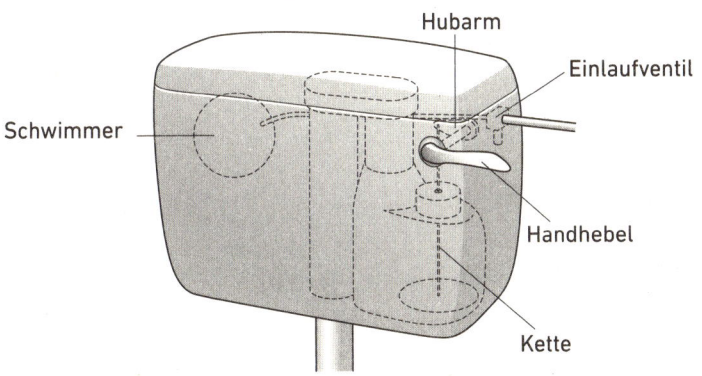

Erste Kontrolle. Der Schwimmer

Bei älteren Toiletten handelt es sich beim Schwimmer um eine Styroporkugel, die auf dem Wasser im Wasserbehälter schwimmt und dabei das Wasserniveau im Behälter regelt: Ist es kein Styroporball, können Sie den Schwimmer dennoch daran erkennen, dass er, nun ja, schwimmt. Ein funktionierender Wasserbehälter sollte genügend Wasser enthalten, sodass der Schwimmer fast ganz oben schwimmen sollte, was wiederum die Schwimmerstange (die am Schwimmer befestigt ist) derart ausfährt, dass sie gegen das Einlaufventil stößt, das so das in den Behälter einlaufende Wasser blockiert.

Wenn kein Wasser im Spülkasten ist, steigt der Schwimmer nicht so, wie er sollte. Überprüfen Sie, ob der Schwimmer falsch ausgerichtet ist und womöglich die Seiten des Wasserbehälters berührt, denn das könnte ihn davon abhalten zu steigen. Sollte das der Fall sein, biegen Sie die Schwimmerstange vorsichtig mit der Hand, bis der Schwimmer wieder einwandfrei hochsteigt. Prüfen Sie ebenfalls, ob die Stange und der Schwimmer ersetzt werden müssen. Für einen Amateur ist das aber leider eine zu fummelige Arbeit, Sie müssen Sie einem Fachmann überlassen.

Zweite Kontrolle. Der Handhebel

Ein geläufiges Problem besteht darin, dass der Handhebel zu wackelig geworden ist, um die Spülung in Gang zu setzen. Das geschieht, weil sich die Haltemutter auf der dem Handhebel gegenüberliegenden Seite des Spülkastens losgelöst hat. Um das zu überprüfen, heben Sie den Deckel des Spülkastens hoch und drehen die lose Schraube mit einem Schraubenschlüssel so lange, bis sie sicher, aber nicht zu fest sitzt.

Falls, im umgekehrten Fall, der Handhebel steif ist und sich nicht geschmeidig herunterdrücken lässt, ist die Mutter womöglich von Kalkablagerungen überzogen. Schrubben Sie die Mutter mit weißem Essig, um die Ablagerungen zu lösen, und der Handhebel wird wie neu funktionieren.

Dritte Kontrolle. Die Kette

Die letzte Kontrolle betrifft die Kette, die die Toilettenspülung betätigt und die bei einem voll funktionsfähigen Klosett vom Hubarm bis hinunter zur Klappe am unteren Ende des Spülkastens laufen sollte. Es muss einen ausreichenden Durchhang in der Kette geben, damit die Toilette ordentlich spülen kann.

Überprüfen Sie per Hand, ob Sie die Kette ungefähr einen Zentimeter hochziehen können, bevor sie die Luftklappe zu heben beginnt. Wenn sie zu locker oder zu fest ist, werden Sie das nicht tun können, sodass Sie die Kette anpassen müssen, indem Sie sie aushaken und in ein anderes Loch einsetzen müssen. Eventuell müssen Sie ein wenig herumprobieren, bis Sie die richtige Spannung finden, aber wenn die Alternative über den Fußboden schwimmende Exkremente sind, sollte das einen Versuch wert sein.

Sie sehen in Ihrem Spülkasten keine Kette? Wenn der Hubarm direkt mit der Heberglocke verbunden ist, ist der Mechanismus noch einfacher. Stellen Sie sicher, dass er richtig eingehängt ist, auch wenn Sie den Spülkasten wieder schließen. Wenn Sie den Hubarm gelöst haben, können Sie die Heberglocke herausnehmen. Ist die Dichtung an deren unterem Ende beschädigt, läuft beständig Wasser in Ihre Toilette und die Spülung funktioniert nicht richtig. Sie lässt sich leicht austauschen, Sie brauchen dafür nur eine dem Modell entsprechende neue Dichtung. Ist die gesamte Heberglocke beschädigt, kann auch Sie ausgetauscht werden. Das können Sie theoretisch selbst angehen, aber auch hier müssen Sie darauf achten, genau das richtige Modell zu besorgen.

Wie Sie ... einen tropfenden Wasserhahn reparieren

Eigentlich könnten Sie mit dem vereinzelten Tröpfeln leben. Das ist ganz normal und nichts, worüber Sie sich Sorgen machen müssten.

Zum Problem wird es, wenn aus dem vereinzelten Tröpfeln ein unaufhörliches Tropf ... Tropf ... Tropf-Tropf-verdammt-noch-mal-Tropf wird. Es kostet Sie nicht nur Schlaf und Geld, weil Sie für jeden letzten Tropfen bezahlen, der durch den Abfluss verschwindet, sondern die Tröpfelei wird im Lauf der Zeit schmutzige Flecken in Ihrem Waschbecken oder in Ihrer Badewanne hinterlassen. Deshalb hier eine schnelle Lösung ...

Die allgemeine Regel lautet: Falls Wasser aus dem Auslauf tropft, ist der untere Dichtungsring das Problem, falls es vom Griff tropft, ist es der obere (O-Ring). Überprüfen Sie, wo genau es bei Ihrem Wasserhahn tropft, und befolgen Sie dann die entsprechende Anleitung.

WARNUNG!

Um nicht Wasser ins Gesicht gesprüht zu bekommen und sich dadurch der Lächerlichkeit preiszugeben, sollten Sie die Wasserzufuhr abdrehen, bevor Sie damit anfangen, an den Wasserhähnen herumzuwerkeln. Das geht entweder an den Absperrventilen unter dem Waschbecken oder am Hauptabsperrhahn. Drehen Sie dann den infrage kommenden Hahn auf, um das eventuell in der Leitung stehende Wasser abzulassen. Wenn nichts mehr kommt, drehen Sie ihn zu und stecken Sie den Stöpsel ins Becken, damit die kleinen fummeligen Teile, die Sie zwangsläufig fallen lassen, nicht im Abfluss verschwinden.

ERSTES PROBLEM. ES TROPFT AUS DEM AUSLAUF

Die Tatsache, dass es tropft, legt den Gedanken nahe, dass die Dichtung beschädigt ist und ersetzt werden muss. Besorgen Sie sich eine neue Dichtung im Baumarkt – und schon kann es losgehen.

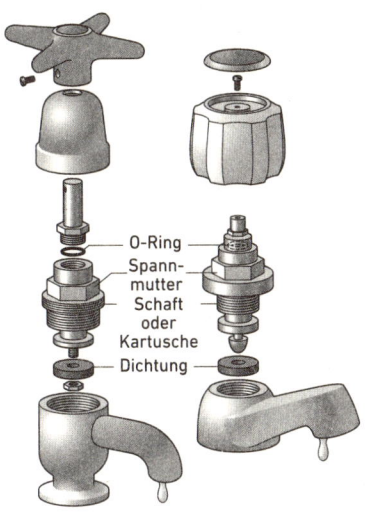

Erster Schritt. Entfernen Sie den Hebel bzw. das Ventil des Wasserhahns. Drehen Sie das Ventil dazu ganz auf. Fast immer müssen Sie eine Schraube losschrauben, die den Hebel festhält. An älteren Wasserhähnen ist die Schraube am Hahn sichtbar, an modernen Hähnen ist sie normalerweise verborgen, z.B. unter der Kalt- bzw. Warmwasseranzeige. Mithilfe eines kleinen Schlitzschraubendrehers kann sie ganz leicht entfernt werden. Entfernen Sie die Schraube und der obere Teil sollte sich mühelos abheben lassen. Gehen Sie dabei umsichtig vor: Bei einigen Modellen ist eine Feder verbaut, die Ihnen sonst um die Ohren fliegen könnte. Wenn Sie dank der Feder bereits das ganze Innenleben des Wasserhahns in Händen halten, können Sie beim dritten Schritt weitermachen.

Zweiter Schritt. Nehmen Sie als nächstes einen Schrauben-schlüssel zur Hand und lösen Sie die Spannmutter (siehe Zeichnung). Halten Sie, während Sie den Schlüssel drehen, den Hahnauslauf fest, um zu verhindern, dass sich statt der Mut-ter der Auslauf selbst dreht. Wenn er sich mit dreht, können die Mechanismen darunter in Mitleidenschaft gezogen werden und Lecks in den Rohren verursachen, was Sie natürlich ver-meiden wollen. Um die Mutter vor Kratzern beim Drehen zu schützen, stecken Sie ein Tuch zwischen Mutter und Schrau-benschlüssel.

Dritter Schritt. Ziehen Sie den Schaft bzw. die Kartusche her-aus (siehe Zeichnung), sodass Sie am unteren Ende die kleine kreisförmige Dichtungsscheibe aus Gummi sehen können. Soll-ten Sie sie mühelos abziehen können, dann tun Sie es. Legen Sie die neue Dichtung ein – die genau denselben Umfang wie die alte haben sollte – und befolgen Sie die obigen Anleitungen in umgekehrter Reihenfolge. Jetzt sollte der Wasserhahn nicht mehr tropfen.

ZWEITES PROBLEM. ES TROPFT AUS DEM GRIFF

Wenn der Wasserhahn aus dem Griff tropft, ist die wahrschein-lichste Ursache ein defekter O-Ring. Dieser Dichtungsring be-findet sich oben, oberhalb des Wasserhahnschafts (siehe Zeich-nung). Der Ring nutzt sich im Lauf der Zeit ab, sodass das Wasser aus dem Hahn entweichen kann. Um den O-Ring zu er-setzen, befolgen Sie die Schritte 1, 2 und 3. Doch statt die untere Dichtungsscheibe zu ersetzen, entfernen und ersetzen Sie den O-Ring, indem Sie ihn am besten vorsichtig mit einem kleinen Schraubendreher abheben, den Ersatzring mit Fett einschmie-ren, damit er länger hält als der erste, und ihn dann an Ort und Stelle platzieren und den Wasserhahn wieder zusammenbauen.

Wie Sie ... einen Wasserhahn reparieren, der sich nicht aufdrehen lässt

Wenn hartes Wasser[4] durch Ihre Wasserhähne läuft, kann dies zu Kalkablagerungen führen, die im schlimmsten Fall die inneren Teile blockieren, sodass das Auf- und Zudrehen des Wassers zu einer recht nervigen Angelegenheit wird. Da kann man schon von Glück reden, wenn die einst gewaltige Flut nur zu einem erbärmlichen Rinnsal wird, sonst aber keine Schäden entstehen. Daher muss dieses Problem in Angriff genommen werden, was (Glück für Sie!) ziemlich einfach ist.

Erster Schritt. Drehen Sie die Wasserzufuhr ab und entfernen Sie die Abdeckung oder den Griff des Wasserhahns, und befolgen Sie anschließend die Schritte 1 und 2 des vorangegangenen Kapitels.

Zweiter Schritt. Nehmen Sie eine kleine, weiche Bürste (die klein und dehnbar genug ist, um an alle Ecken und Enden des Schafts bzw. der Kartusche zu gelangen), tauchen Sie sie in Essig und bearbeiten Sie ihn behutsam damit, um eventuelle Kalkablagerungen zu entfernen.

Dritter Schritt. Das ist auch schon alles. Wenn Sie ganz wichtig aussehen wollen, können Sie den Schaft mit Küchenpapier trocknen, aber er wird sowieso wieder nass, wenn er wieder im Wasserhahn steckt, sodass diese Aktion ziemlich sinnlos ist.

---

4 Hartes Wasser hat einen höheren Mineraliengehalt (Kalzium und Magnesium) als weiches Wasser. Wegen dieser Mineralien kann hartes Wasser oftmals mineralische Ablagerungen hinterlassen, die umgangssprachlich auch Kalkablagerungen genannt werden. Diese müssen regelmäßig beseitigt werden, damit die Dinge so funktionieren, wie sie sollten.

Bauen Sie alles wieder zusammen, und Sie sind fertig. Gut gemacht.

Wie Sie ... verstopfte Waschbecken wieder frei machen

Wenn Ihr Waschbecken mit Schmutz und Abfällen verstopft ist, wird es anfangen zu stinken, und schließlich wird Wasser auf Ihren Fußboden laufen. Das ruiniert Ihren Fußboden, Ihre Stimmung und womöglich Ihre Strümpfe und Hausschuhe, sodass Sie früh einschreiten sollten, damit dieses Stadium gar nicht erst erreicht wird. Wie Sie Ihr verstopftes Waschbecken wieder frei machen, lässt sich in drei Stufen einteilen, und zwar wie folgt:

ERSTE STUFE. DIE FLÜSSIGE LÖSUNG

Sie könnten ganz einfach einen der vielen Spezialrohrreiniger auf dem Markt besorgen, aber es hat sich herausgestellt, dass die in manchen Produkten verwendeten Chemikalien die Rohre zersetzt haben. Eine bessere, natürlichere Alternative besteht darin, kochendes Wasser durch das Abflussloch zu gießen – eine simple Schocktaktik, die sich oft als ausreichend erweist.

Wenn Sie dramatischere Resultate erzielen möchten, geben Sie Backnatron und weißen Essig in den Abfluss und treten dann einen Schritt zurück und genießen Ihr kleines Chemie-Experiment. Wenn das Zischen abgeflaut ist, spülen Sie mit heißem Wasser. Wiederholen Sie diesen Vorgang so oft wie nötig. Sollte das keine Wirkung haben, gehen Sie zur zweiten Stufe über.

ZWEITE STUFE. DIE GROSSE SAUGGLOCKE

Falls die Verstopfung nicht fortgespült werden kann, brauchen Sie stattdessen etwas Saugkraft – und zwar mit einer großen Saugglocke aus Gummi, die Sie in allen gut sortierten Baumärkten und Drogerien finden. Füllen Sie das Waschbecken fünf bis sieben Zentimeter hoch mit Wasser, schmieren Sie dann einen fetten Klecks Vaseline auf den Rand der Saugglocke, um die Saugfähigkeit zu erhöhen, setzen Sie an und bewegen Sie sie über dem Ausfluss schnell rauf und runter. Sie sollten nicht darauf abzielen, den Pfropfen noch tiefer ins Rohr hineinzudrücken, sondern ein Vakuum zu schaffen, das ihn herauszieht. Machen Sie eine Pause, um die Lage hin und wieder zu prüfen, und falls die Verstopfung nicht aufgelöst sein sollte, pumpen Sie weiter mit der Saugglocke, bis Sie Erfolg haben. Wenn das Rohr schließlich frei ist, gießen Sie kochend heißes Wasser durch den Abfluss, um eventuelle letzte hartnäckige Reste wegzuspülen.

DRITTE STUFE. DIE LETZTE HOFFNUNG

Wenn Sie mit der ersten und zweiten Stufe keinen Erfolg haben sollten, könnte die Reinigung des Röhrensiphons Ihre letzte Chance sein, bevor Sie den Klempner anrufen müssen. Der Röhrensiphon ist das gebogene Plastikrohr, das gegebenenfalls außer Sicht in dem Schrank unter Ihrem Waschbecken verläuft und in dem sich Schmutz ansammeln kann.

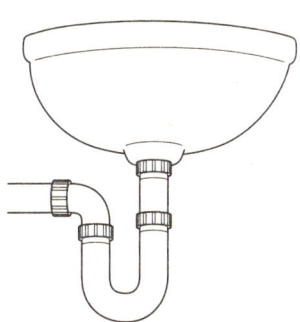

Um ihn zu reinigen, schieben Sie zunächst einen Eimer darunter, um eventuelles Schmutzwasser aufzufangen. Stellen Sie anschließend die Wasserzufuhr ab, um einer Dusche zu entgehen. Neuere Röhrensiphons lassen sich per Hand aufdrehen, während ältere Modelle mit Muttern festgehalten werden, die man vorsichtig mit einer Zange entfernen muss. Lockern Sie die Muttern, schrauben Sie sie anschließend per Hand ab und legen Sie sie so beiseite, dass sie nicht verloren gehen. Entfernen Sie den Röhrensiphon und schütten Sie das Wasser darin in Ihren Eimer. Spülen Sie den Siphon mit heißem Seifenwasser aus, um eventuelle hartnäckige Verstopfungen zu beseitigen, bauen Sie dann alles wieder zusammen und befestigen Sie die Muttern ordentlich.

VIERTE STUFE. ALLE HOFFNUNG IST ZUNICHTE
Wenn keiner der Tipps zum Erfolg führt, fluchen Sie laut und rufen Sie einen Klempner an.

Wie Sie ... eine tröpfelnde Dusche reparieren

Wenn Sie die Dusche aufdrehen und sie lediglich jämmerlich vor sich hin hustet und kleckert, sodass nicht einmal eine Maus davon nass werden würde, stehen die Chancen nicht schlecht, dass der Duschkopf mit Ihrem alten Erzfeind verstopft ist – den Kalkablagerungen, die sich im Lauf der Zeit ansammeln. Sie zeigen sich wahrscheinlich als weiße, pulverige Anhaftungen an den Löchern des Duschkopfes und müssen entfernt werden, damit die Dusche wieder ordentlich funktioniert. Hier sind ein paar Vorschläge, um das Problem anzugehen:

DIE EINFACHE OPTION

Die einfachste Lösung besteht darin, den Duschkopf mit einem großzügig in eine Mischung aus Wasser und einem guten Schuss weißen Essig getauchten Tuch gründlich abzuwischen. Das sollte den Kalk aufweichen, damit er leichter wegzuwischen ist. Stechen Sie mit einem Zahnstocher in die Löcher des Duschkopfes, um die Verstopfungen zu lösen. Da sie jedoch den Dreck dadurch zurück in den Kopf drücken, wird das Problem wahrscheinlich früher oder später zurückkehren.

DIE KOMPLIZIERTERE ALTERNATIVE

Dies ist eine gründlichere Lösung, die mit dem Abbau des Duschkopfes und einer gründlichen Reinigung der Innenteile einhergeht. Das ist zwar komplizierter, lohnt sich aber.

Erster Schritt. Um den Duschkopf vor Schäden zu bewahren, wickeln Sie Kreppband oder ein Tuch um die Duschkopfkupplung (das ist die Stelle, wo sich der Duschkopf mit dem Schlauch verbindet), schrauben Sie den Duschkopf vorsichtig mit einer Zange ab und entfernen Sie ihn vom Schlauch.

Zweiter Schritt. Nehmen Sie den Kopf behutsam per Hand auseinander und verwenden Sie ein stumpfes Messer, um ihn entlang der Dichtung zu öffnen. Legen Sie beide Teile (und eventuelle innere Teile) des Kopfes in einen Eimer, der eine Mischung aus einem Teil Wasser und drei Teilen weißen Essig enthält und lassen Sie alles vierundzwanzig Stunden lang einweichen. Der Essig in der Mischung wird den Kalk auflösen.

Dritter Schritt. Nehmen Sie am nächsten Tag einen Zahnstocher oder einen Cocktailspieß und stochern ihn durch die Löcher des Duschkopfes, um eventuelle Kalkreste zu beseitigen.

Vierter Schritt. Schrubben Sie den Duschkopf mit einer alten Zahnbürste innen und außen ab, bis jede letzte Kalkspur entfernt ist, spülen Sie dann die Teile in kaltem Wasser und lassen Sie sie gründlich trocknen.

Fünfter Schritt. Fügen Sie Duschkopf und Schlauch wieder zusammen, drehen Sie die Dusche auf und staunen Sie, wie aus einem armseligen Getröpfel plötzlich wieder eine Flut biblischen Ausmaßes geworden ist.

Wie Sie ... eine undichte Dusche reparieren

Wenn Sie den Duschkopf bereits gereinigt haben und das Leck weiterhin existiert, ist die Wahrscheinlichkeit höher, dass Ihr Problem auf eine defekte Dichtung zurückzuführen ist, die Sie dort finden, wo der Schlauch mit dem Duschkopf verschraubt ist. Ist die Dichtung rissig oder beschädigt, dichtet sie nicht mehr ab, und das Wasser strömt überall hin.

Mit den folgenden Schritten sollten Sie das Problem ruckzuck in den Griff bekommen:

Erster Schritt. Schrauben Sie mit einer Zange den Duschkopf vom Schlauch ab und schützen Sie den Kopf vor Beschädigungen, indem Sie Kreppband oder ein Tuch um die Stelle wickeln, wo der Kopf mit dem Schlauch verschraubt ist

Zweiter Schritt. Am unteren Ende des Duschkopfes sehen Sie jetzt den kleinen O-Ring. Wenn er beschädigt oder abgenutzt zu sein scheint, ersetzen Sie ihn durch einen neuen, den Sie in einem Baumarkt kaufen können.

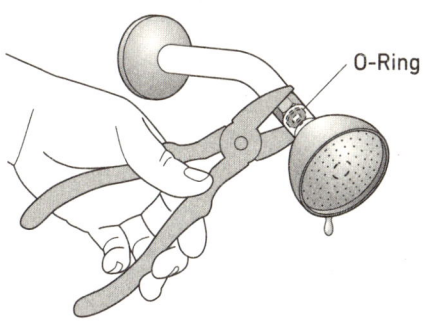

O-Ring

Dritter Schritt. Schieben Sie den O-Ring bis zum Rand in den Duschkopf und schrauben Sie ihn wieder an den Schlauch an. Das Problem ist jetzt mit ziemlicher Sicherheit gelöst. Falls nicht, dann wissen Sie ja, wen Sie anrufen müssen.

Wie Sie ... einen Riss in der Badewanne reparieren

Eine Badewanne mit einem Riss auf einer Seite wird Wasser durchlassen, sodass jedes Mal eine Pfütze auf dem Fußboden zurückbleibt, was Feuchtigkeit hervorruft und das Risiko birgt, dass der Fußboden den armen Wichten unter Ihnen auf die Häupter fällt. Das ist natürlich der schlimmste Fall, aber das wollen Sie nicht riskieren. Daher ist es von großer Dringlichkeit, diese Angelegenheit in Ordnung zu bringen. Aber Sie sollten sie nur dann in Angriff nehmen, wenn der Riss nicht mehr als drei bis fünf Zentimeter lang und nur ein paar Millimeter breit ist. Bei bedenklichen Rissen, die länger sind, sollten Sie einen Experten zu Rate ziehen oder eine neue Badewanne kaufen (was billiger sein könnte). Kleine Risse lassen sich jedoch recht einfach reparieren ...

Erster Schritt. Arbeiten Sie von der Unterseite der Badewanne aus, wenn der Zugang mühelos ist. Normalerweise müssen Sie dafür eine Platte entfernen, aber das müssen Sie selbst beurteilen. Warum von der Unterseite aus arbeiten, werden Sie womöglich fragen. Gute Frage. Einfach deshalb, weil die Spachtelmasse, die Sie im zweiten Schritt benutzen werden, weniger auffällt, wenn sie an der Unterseite, also außer Sichtweite, angebracht worden ist. Machen Sie daher den Riss ausfindig und vergewissern Sie sich, dass er sauber und trocken ist, bevor Sie loslegen.

Zweiter Schritt. Um den Riss zu verspachteln, haben Sie zwei gute Optionen. Entweder investieren Sie (a) in eine Polyesterspachtelmasse oder (b) in eine geschmeidige Epoxid-Zweikomponentenverbindung. Bitten Sie den Verkäufer im Laden um eine Empfehlung. Bei beiden Optionen müssen Sie die Spachtelmasse auf den Riss auftragen, mit einem feuchten Schwamm glätten und schließlich trocknen lassen.

Dritter Schritt. Wenn die Spachtelmasse oder das Epoxid knochentrocken ist, polieren Sie die Stelle mit Schleifpapier auf der sichtbaren Seite der Badewanne, sodass sie mit dem Rest der Badewanne bündig ist, und überziehen Sie den Spachtel anschließend mit einem wasserdichten Kleber im passenden Farbton. Und schon sind Sie fertig.

Übrigens, wenn es sich um einen kleineren Riss handelt, der noch nicht durch die ganze Länge der Badewanne geht, aber sollte er ignoriert werden, es schon bald könnte, fangen Sie mit dem zweiten Schritt an.

Wie Sie ... eine zerbrochene (Badezimmer-)Fliese reparieren

Wenn man Ihnen einen Hammer anvertrauen kann, ohne dass Sie gleich alles kaputtschlagen, dann ist die Reparatur einer zerbrochenen Badezimmerfliese ein Kinderspiel ...

WARNUNG!

Kaputte Fliesen können scharf und gefährlich sein. Schützen Sie sich vor Verletzungen, indem Sie Schutzbrille und Handschuhe tragen, wenn Sie mit abgebrochenen Teilen hantieren. Und tragen Sie auch ein Paar robuste Schuhe, wo Sie schon mal dabei sind.

Erster Schritt. Bevor Sie den Riss in der Fliese in Angriff nehmen, prüfen Sie, ob irgendwelche anderen Fliesen in unmittelbarer Nähe beschädigt sind. Klopfen Sie dafür ganz behutsam mit dem Hammer dagegen. Alle Fliesen, die dabei hohl klingen, sind wahrscheinlich marode und müssen ausgetauscht werden.

Zweiter Schritt. Um die Fliese zu entfernen, bohren Sie zunächst ein kleines Loch in ihre Mitte und stecken dann einen Meißel hinein. Setzen Sie ihn nicht mit 90°, sondern in spitzen Winkeln an. Schlagen Sie mit dem Hammer vorsichtig auf den Meißel, bis die Fliese genügend Risse hat, dass Sie mühelos die Scherben abschlagen und wegräumen können.

Dritter Schritt. Wenn die Fliese entfernt ist, nehmen Sie ein stumpfes Messer, um eventuelle Klebereste an der Wand zu entfernen. Ist der Kleber hartnäckig, erwärmen Sie die Klinge des

Messers ein paar Sekunden lang über einer Flamme und staunen Sie, wie mühelos es durch den hartnäckigen Kleber dringt.

Vierter Schritt. Klecksen Sie ein wenig Silikonkleber auf die
Rückseite der neuen Fliese oder auf die Oberfläche, an der Sie
sie befestigen wollen, und verteilen Sie ihn gleichmäßig. Drücken Sie die Fliese an Ort und Stelle und verwenden Sie Fugen-
kreuze oder Streichhölzer, um sicherzugehen, dass die Fugen
gleich groß sind. Falls die Fliese nicht plan neben den benach-
barten Fliesen sitzt, entfernen Sie etwas Kleber, wo es erforderlich ist, bis alles passt. Sitzt die Fliese richtig, säubern Sie mit
einem feuchten Tuch oder Schwamm ihre Oberfläche von Kleberesten und lassen Sie den Kleber dann vierundzwanzig Stunden lang trocknen.

Fünfter Schritt. Einen Tag später und nicht einen Augenblick
früher sollten Sie eine Tube Fugenkitt nehmen und die Fugen
rings um die Fliese damit füllen. Ist das getan, benutzen Sie
einen feuchten Schwamm, um eventuelle Reste wegzuwischen,
und lassen Sie dann den Fugenkitt trocknen. Polieren Sie zum
Schluss die Fliese mit einem trockenen Tuch, um eine glänzende
Oberfläche wie aus dem Lehrbuch zu bekommen.

GARTENBERATUNG

Garten und Außenbereich Ihres Hauses sind veritable Minenfelder für Unfälle. Wenn es nicht die Regenrinne ist, die verstopft ist und herunterhängt, dann ist es der schiefe Torpfosten oder es sind die stumpfen Gartengeräte. Vielleicht funktioniert der Rasenmäher nicht mehr, oder es sind die Terrakottatöpfe mit den schmutzigen Rissen. All diese Unannehmlichkeiten und manche andere Probleme werden in diesem Abschnitt skizziert. Ziehen Sie also Ihre Gummistiefel an und machen Sie sich auf die Socken.

Wie Sie ... eine durchhängende Gartenpforte reparieren

Eine Gartenpforte kann schon mal durchhängen, wenn sie auf Erdreich gebaut ist statt auf Beton, weil das Holz Feuchtigkeit aus der Erde aufsaugt, die sich in das Holz frisst und es absinken lässt. Schließlich landet die Pforte als ein Häufchen Elend auf dem Boden und zieht dabei wahrscheinlich auch den ganzen Zaun mit runter. Um dieses unerfreuliche Szenario zu vermeiden, müssen Sie die Gartenpforte beim ersten Anzeichen des Durchhängens neu ausrichten. Das ist recht einfach ...

Erster Schritt. Ziehen Sie deutlich erkennbar schlecht sitzende Schrauben mit dem richtigen Schraubendreher fest, und mit etwas Glück, kann das schon genügen, um die ganze Pforte wieder auf Vordermann zu bringen, was Ihnen den zweiten Schritt ersparen würde.

Zweiter Schritt. Wenn der erste Schritt nicht zum Erfolg führt, müssen Sie eine Wasserwaage nehmen und prüfen, ob die Pfosten absolut aufrecht stehen. Falls einer der Pfosten schief ist, ziehen Sie ihn zurück in die Mittelstellung und entfernen Sie Erde mit dem Spaten auf der Seite, in die der Pfosten durchhängt. Wenn er also nach links gebeugt war, dann graben Sie ein Loch in den Boden direkt links am Pfosten. Es sollte 25 bis 50 Zentimeter tief und rund 15 Zentimeter breit sein.

Dritter Schritt. Der Erdboden ist zu weich, um das Gewicht des Pfostens zu halten, deshalb hängt er durch und die Erde muss durch Feinkies ersetzt werden. Wenn der Pfosten hundertprozentig aufrecht steht (was Sie mit Ihrer Wasserwaage überprüfen müssen), füllen Sie das ausgehobene Loch um den Fuß des

Pfostens mit Kies und treten Sie ihn fest, damit der Pfosten fest an seinem Platz steht.

Vierter Schritt. Nehmen Sie einen rund 15 Zentimeter langen Holzkeil und drücken Sie das flache Ende gegen den Pfortenpfosten, zwischen Pfosten und Kies. Nehmen Sie dann den Hammer und schlagen Sie den Keil ein, bis der obere Teil ordentlich bündig mit der Erdoberfläche ist. Der Keil bietet einen größeren Widerstand gegen die Tendenz des Pfostens, erneut schief zu werden, und wird ihn für eine längere Zeit an Ort und Stelle festhalten.

Fünfter Schritt. Schichten Sie mehr Kies um den oberen Teil des Keils auf, um ihn zu verdecken, und das sollte es dann gewesen sein. Wenn die Pforte nach all diesen Maßnahmen immer noch durchhängt, sollten Sie in Erwägung ziehen, statt Kies Beton zu nehmen, obwohl das leider eine schwierige Arbeit ist, die ein Fachmann ausführen sollte.

Wie Sie ... eine verstopfte Regenrinne säubern

Laub kann sich schnell in Regenrinnen ansammeln und Verstopfungen verursachen, sodass sie durchhängt. Vielleicht denken Sie, wenn Sie etwas nicht sehen können, kommt es nicht drauf an, aber da liegen Sie falsch. Wenn Sie den Durchhang ignorieren, entsteht häufig ein Leck, was zu allen möglichen Problemen im Innen-und Außenbereich Ihres Hauses führen kann.

Um daher zu verhindern, dass aus einem Maulwurfshügel ein Berg wird, müssen Sie eine durchhängende Regenrinne so schnell wie möglich reparieren, indem Sie folgende Anweisungen befolgen.

WARNUNG!

Es gibt viele heroische Möglichkeiten, Ihrem Schöpfer zu begegnen (zum Beispiel blinde Waisenkinder aus einem brennenden Gebäude retten oder eine für die Queen gedachte Kugel abfangen), aber beim Griff nach Blättern von einer Leiter zu fallen, ist bestimmt keine Heldentat. Wenn Sie daher eine Leiter benutzen, um an die Regenrinne zu gelangen, vergewissern Sie sich, dass sie sicher auf dem Boden steht. Der Winkel sollte nicht größer als 75° sein, und sie sollte auf einem ebenen, stabilen Boden stehen, während ein vertrauenswürdiger Helfer sie festhält, und außerdem so, dass Sie sich nie weit von der Leiter weglehnen müssen und im schlimmsten Fall zu Tode stürzen.

Erster Schritt. Sofern Sie nicht unheimlich lange Arme haben, müssen Sie eine Leiter benutzen, um an die Regenrinne zu gelangen. Wenn Sie einmal dran sind, entfernen Sie die Verstopfung per Hand und werfen Sie sie zu Boden oder über den Zaun auf das Grundstück des Nachbarn.

Übrigens sollten Sie unbedingt dafür sorgen, dass Sie immer nur vom Fallrohr aus (das Rohr, das von der Dachrinne zum Abfluss herunterführt) zum Ende der Dachrinne arbeiten und niemals umgekehrt. Wenn Sie vom Fallrohr weg arbeiten, schieben Sie keinen Schmutz durch das Fallrohr, was die Situation nur noch verschlimmern würde.

Zweiter Schritt. Wenn die Regenrinne sauber ist, klettern Sie die Leiter herab und stochern Sie mit einem dünnen Gegenstand – zum Beispiel mit einem Drahtkleiderbügel oder einem kleinen Stock – am Ausgang des Fallrohrs herum, um eventuelle Verstopfungen zu lösen. Ziehen Sie eventuell vorhandenen Schmutz per Hand heraus.

Dritter Schritt. Steigen Sie schließlich mit einem Gartenschlauch die Leiter wieder hinauf, um hartnäckige, im Fallrohr verborgene Verstopfungen herauszuspülen. Bitten Sie Ihren Helfer, den Schlauch erst dann aufzudrehen, wenn Sie bereit sind, und nicht vorher. Platzieren Sie zu guter Letzt ein Stück Mull über das Loch des Fallrohrs, um zu verhindern, dass Blätter hineingeraten und wieder Verstopfungen verursachen.

Wie Sie ... Gartengeräte schärfen

WARNUNG!

Tragen Sie stets Schutzhandschuhe, wenn Sie mit Werkzeugen hantieren – selbst ein stumpfes Gartengerät kann immer noch scharf genug sein, um eines Ihrer Körperteile abzutrennen. Stellen Sie Ihre Körperteile also nie in den Weg einer Klinge. Und wenn es sicherer ist, das Werkzeug in einen Schraubstock zu klemmen, dann tun Sie es.

Im Lauf der Zeit verlieren die Schneiden Ihrer Gartengeräte ihre schwungvolle Schärfe, sodass es schwerer wird, Ihre Nadelbäume zu beschneiden, ein großes Loch zu graben oder was immer Sie da draußen in Ihren Gummistiefeln eben tun. Obendrein gibt es ein Sicherheitsproblem, denn wenn Sie mit einem stumpfen Werkzeug mehr Kraft aufwenden, um zum gewünschten Ergebnis zu kommen, dann rutschen Sie auch wahrscheinlicher damit ab und verlieren einen Arm oder ein Bein, was nicht unbedingt optimal ist.

MUTTERN

Hat das Werkzeug an entscheidender Stelle eine Mutter – wie es bei Gartenscheren im Allgemeinen der Fall ist – ziehen Sie sie fest, falls nötig, da eine lockere Mutter zu lockeren Klingen und folglich schlechten Ergebnissen führt. Wenn die Klingen nach dem Festziehen der Mutter besser schneiden, können Sie den Rest dieses Eintrags überspringen und etwas anderes reparieren.

Hier sind also ein paar Anweisungen für das Schleifen Ihrer Werkzeuge. Sie gelten für alle Werkzeuge, die zwei scharfe, scherenartige Schneiden haben, die sich am unteren Ende der Klingen begegnen und direkt bis zur Spitze schneiden (zum Beispiel Gartenscheren, Rebscheren, Astscheren, Rasenscheren usw.) und ebenfalls für jedes Schlagwerkzeug mit einer Schneide, die schon bessere Tage gesehen hat (zum Beispiel das Blatt eines Spatens, eine Hacke, eine große, ehrfurchterregende Axt, usw.). Wählen Sie Ihre Waffe und beachten Sie die folgenden Schleifanweisungen:

Erster Schritt. Vergewissern Sie sich, dass am Werkzeug kein Schmutz oder Dreck haftet. Wenn nötig, waschen Sie es mit Seifenwasser und trocken Sie es gründlich ab. Eine verdreckte Klinge zu feilen kann Schaden anrichten. Sie sollten daher nicht in Versuchung geraten, das Verfahren hier abzukürzen. Prüfen Sie außerdem, ob es Anzeichen für Rost gibt und schaffen Sie Abhilfe, bevor Sie mit dem Schleifen beginnen (Details hierzu finden Sie im nächsten Kapitel).

Zweiter Schritt. Im Interesse von Gesundheit und Sicherheit klemmen Sie das Werkzeug in einen Schraubstock, wählen Sie dann die richtige Metallfeile für die Arbeit aus. Feilen gibt es in unterschiedlichen Größen, und der Verkäufer im Baumarkt freut sich riesig, Sie zu beraten (oder winkt Sie zumindest in die ungefähre Richtung des falschen Gangs).

Dritter Schritt. Stellen Sie die ursprüngliche Schräge der Klinge fest – selbst stumpfe Werkzeuge sollten eine Schräge haben, die Sie beachten müssen. Halten Sie die Feile in diesem Winkel an die Klinge und machen Sie ein paar geschmeidige Bewegungen über die Klinge, um sie zu schärfen. Bewegen Sie die

Feile dabei weg von Ihrem Körper. Nach einem Dutzend Streichen sollten Sie sehen, wie sauberes, scharfes Metall zum Vorschein kommt. Wiederholen Sie diesen Vorgang über die ganze
Länge der Klinge, bis die scharfe Schneide von damals zurück-
gekehrt ist.

*Feilen Sie übrigens nie vor und zurück, weil das Schäden verur-
sacht. Vermeiden Sie ebenso kleine, ruckartige Bewegungen, weil
sonst die Klinge nicht scharf wird.*

Vierter Schritt. Bearbeiten Sie vorsichtig die Rückseite der
Schneide mit Schleifpapier, um eventuelle Grate (die rauen, me-
tallischen Kanten oder Splitter, die beim Feilen anfallen) zu entfernen. Reiben Sie die Schneide auf beiden Seiten mit einem öli-
gen Lappen ab (verwenden Sie dafür Maschinenöl), um sie vor
Rost zu schützen, lassen Sie sie gut trocknen, und Ihr Werkzeug
sollte wieder so gut wie neu sein.

Sollte die Schneide eindeutig beschädigt statt einfach nur
stumpf sein, wird keine der oben beschriebenen Anweisungen
helfen. Entsorgen und ersetzen Sie das Werkzeug oder akzeptieren Sie, dass Sie einen Fachmann bezahlen müssen.

Wie Sie ... rostende Werkzeuge retten

Rost setzt Werkzeugen zu, verbreitet sich wie ein Virus im Metall
und zernagt es von innen. Wenn er entdeckt und frühzeitig behandelt wird, können Sie langfristig Schäden vermeiden ...

Erster Schritt. Nehmen Sie ein Tuch und reiben Sie den Rost mit Multifunktionsöl ein. Reiben Sie anschließend mit etwas Stahlwolle abwärts. Wenn der Rost besonders hartnäckig ist, müssen Sie diesen Schritt eventuell wiederholen.

Zweiter Schritt. Eine Alternative besteht darin, kräftigen Schwarztee in einen Behälter zu gießen und dann das Werkzeug über Nacht in Ihr Wundergebräu zu legen. Die Gerbsäure im Tee wird den Rost fressen.

Dritter Schritt. Für welche Methode Sie sich auch entscheiden, nehmen Sie, wenn Sie fertig sind, auf jeden Fall ein weiches Tuch und reiben Sie eventuell übrige Rostteilchen ab, waschen Sie dann das Werkzeug in warmem Seifenwasser und trocknen Sie es gründlich ab. Und um den ersten und zweiten Schritt in Zukunft zu vermeiden, trocknen Sie Ihre Werkzeuge gut nach jeder Verwendung und lagern Sie sie in einer warmen, trockenen Umgebung.

HINWEIS!

Achten Sie darauf, dass Werkzeuge mit beweglichen Teilen festgezogen sind und alle paar Monate gut geölt werden, sonst rosten sie und verklemmen sich. Wenn Sie einen speziellen Hang zum Abenteuer haben, demontieren Sie das Werkzeug und ölen Sie alle beweglichen Teile, aber merken Sie sich, wie Sie es auseinandergenommen haben, damit Sie es auch wieder zusammensetzen können.

Wie Sie ... einen defekten Rasenmäher wieder in Ordnung bringen

Moderne Rasenmäher können aus vielerlei Gründen kaputtgehen, weil sie vollgepackt sind mit komplizierten kleinen Drähten, kniffligen Filtern und allerlei Zeugs. Die bei Weitem häufigste Beschwerde unter Besitzern von Rasenmähern ist, dass das blöde Ding nicht anspringt, ganz egal wie oft man den Knopf drückt, die Anlassleine zieht, der Maschine einen Tritt versetzt oder sie verflucht. Aber keine Sorge, das Problem lässt sich normalerweise lösen, indem man bis zehn zählt und dann diese Fehlersuchanleitung liest.

Luftfilter und Vergaser

Zündkerze

Benzintank

Messer

ERSTE KONTROLLE. DAS BENZIN

Ist Benzin im Rasenmäher? Falls nicht, füllen Sie ihn mit frischem Benzin auf und lassen Sie uns so tun, als hätten wir nie darüber geredet. Ist jedoch Benzin im Tank und ist es altes Benzin, das monatelang vor sich hin gärte, wird es abgestanden sein, und mit abgestandenem Benzin lässt sich kein Rasenmäher starten und zum Laufen bringen. Sie müssen es also auswechseln. Als Faustregel gilt, den Rest Benzin nach jeder Mäh-saison abzulassen: am leichtesten geht das, indem Sie das Gerät einschalten und laufen lassen, bis das Benzin verbraucht ist.

Übrigens, wenn Sie den Verdacht haben, dass sich Wasser mit dem Benzin vermischt hat, was passieren kann, wenn sich Eis auf dem Rasenmäher bildet und in den Tank schmilzt, dann muss das Benzin ersetzt werden.

ZWEITE KONTROLLE. DER VERGASER

Wenn Benzin für längere Zeit im Motor bleibt, verdunstet es oft und verstopft den Vergaser des Rasenmähers, was wiederum den Motor beeinträchtigt. Leider ist die Reparatur des Vergasers eine ziemlich knifflige Angelegenheit, die Sie am besten einem Fachmann überlassen, der weiß, was er tut.

DRITTE KONTROLLE. DER LUFTFILTER

Im Allgemeinen sollte der Filter alle paar Jahre ausgewechselt werden. Wo er sich befindet, hängt vom Modell ab, aber grund-sätzlich hilft es, dem Benzinschlauch vom Tank zu folgen, der in den Vergaser mündet – der Filter sollte neben dem Vergaser angebracht sein, aber wenn Sie unsicher sind, schauen Sie im Handbuch nach. Entfernen Sie den Filter mit der Hand und hal-ten Sie ihn ins Licht. Wenn Sie kein Licht durch den Filter sehen können, muss er gereinigt werden. Warmes Seifenwasser sollte genügen – waschen Sie ihn einfach ab und wischen Sie Öl- oder Schmutzreste weg, lassen Sie ihn trocknen und setzen Sie ihn danach wieder ein. Falls der Filter abgenutzt oder beschädigt sein sollte, kaufen Sie einen Ersatzfilter desselben Modells und setzen Sie ihn behutsam in das Gerät ein.

VIERTE KONTROLLE. DIE ZÜNDKERZE

Ohne eine funktionierende Zündkerze springt der Motor nicht an, aber zum Glück kann man die Zündkerze kostengünstig ersetzen. Meistens befindet sich die Zündkerze an der Vorderseite Ihres Rasenmähers unter dem Zündkabel (doch im Zweifelsfall sollten Sie im Handbuch nachschlagen). Ruckeln Sie das Kabel per Hand ab, bis Sie die Zündkerze herausragen sehen. Man kann sie mithilfe eines Zündkerzenschlüssels herausbekommen. Drehen Sie ihn, bis die Zündkerze locker genug ist, um sie mit der Hand loszuschrauben. Sobald sie entfernt ist, könnten Sie sie reinigen, aber sie zu ersetzen geht viel schneller und leichter. Der Motor sollte dann garantiert länger und effizienter laufen. Bringen Sie die neue Zündkerze in Position, ziehen Sie sie zunächst mit der Hand fest und dann mit dem Spezialschlüssel und bringen Sie zuletzt das Kabel wieder an. Jetzt sind Sie fertig.

FÜNFTE KONTROLLE. DIE MESSER

Feuchtes Gras kann die Unterseite des Rasenmähers verstopfen und das Drehen der Messer verhindern. Und wenn sich die Messer nicht bewegen, startet auch oft der Motor nicht. Schalten Sie zuerst den Mäher aus und lösen Sie das Zündkerzenkabel (Details siehe vierte Kontrolle), um ganz sicher zu sein, dass Ihre Hände nicht in einem schrecklichen Unfall in Scheiben geschnitten werden. Entfernen sie dann das Material per Hand (benutzen Sie dabei Handschuhe).

SECHSTE KONTROLLE. NOCH MAL DIE MESSER

Wenn Sie die Messer während Ihrer letzten Mähsaison irgendwie beschädigt haben (als Ihnen ein Stein oder der Panzer einer Schildkröte in die Quere kam), könnten sie außer Form geraten sein. Falls das passiert ist, sollte Ihr Rasenmäher zwar immer noch anspringen, aber er wird dabei in einer Tour husten, stottern und wackeln, weil ein verbogenes Messer nicht so rotiert, wie es der Hersteller vorgesehen hat. Die meisten Messer lassen sich auswechseln, vorausgesetzt Sie können dem Verkäufer im Laden Marke und Modell nennen, wenn Sie ein Ersatzteil kaufen. Danach reduziert sich das Ganze auf vier sehr einfache Schritte:

Erster Schritt. Schalten Sie den Rasenmäher aus und lassen Sie ihn kalt werden, entfernen Sie dann das Zündkerzenkabel, um die Maschine völlig stillzulegen.

Zweiter Schritt. Verschaffen Sie sich Zugang zum Messerfach, indem Sie das Mähdeck abnehmen, falls es sich entfernen lässt (siehe Handbuch). Und um Ihrer Hose willen, vergewissern Sie sich, dass alles Benzin abgelassen wurde, bevor Sie das Gerät umdrehen.

Dritter Schritt. Ziehen Sie Arbeitshandschuhe an und entfernen Sie Schmutz von der Unterseite des Mähers. Benutzen Sie eine Ratsche mit der richtigen Nuss oder einen Schraubenschlüssel in der passenden Größe, um die Mutter zu lockern, die das Messer festhält. Ist sie abgedreht, können Sie vorsichtig das Messer von seiner Spindel entfernen.

Vierter Schritt. Legen Sie zur Sicherheit das alte Messer beiseite und stecken Sie das neue Messer auf die Spindel. Achten Sie darauf, dass sie sich im Gleichgewicht befindet, bevor Sie die Schraube wieder ansetzen und festziehen.

Wie Sie ... einen Riss im Blumentopf reparieren

Wie Ihnen jeder Amateurgärtner versichern wird, können raues Wetter und Kälteeinbrüche ganz leicht Ihre Blumentöpfe drankriegen, vor allem wenn es sich dabei um empfindliche Terracottaware handelt. Wenn es kalt wird, sollten Sie lieber alle empfindlichen Töpfe drinnen lagern, aber wahrscheinlich ist das Kind schon in den Brunnen gefallen, wenn Sie diesen Eintrag lesen. Hier ist also die Lösung für die Reparatur von Rissen, bevor sie zu Brüchen werden.

KLEINE TÖPFE ...

Erster Schritt. Entfernen Sie allen Schmutz und achten Sie darauf, dass der Riss knochentrocken ist, bevor Sie eine Tube Silikonkitt zur Hand nehmen.

Zweiter Schritt. Brechen Sie mit der Hand ganz behutsam den Riss auf, aber nur so weit, um genug Silikonkitt hineinzudrücken, dass er der Länge nach ausgefüllt ist.

Dritter Schritt. Gönnen Sie dem Riss eine kleine Verschnaufpause und binden Sie dann einen Strick oder eine dicke Schnur um den Topf, um die Lücke geschlossen zu halten, indem Sie Druck erzeugen. Oder stellen Sie ersatzweise den Topf in eine Wanne und schütten Sie eng um ihn herum Sand auf, damit der Riss zusammen- und festgedrückt wird.

Vierter Schritt. Lassen Sie den Strick, die Schnur oder den Sand an Ort und Stelle, bis der Kitt vollständig getrocknet ist, was einige Stunden dauern kann, idealerweise warten Sie eine Nacht. Wenn er getrocknet ist, entfernen Sie Strick, Schnur oder Sand und kratzen oder schleifen Sie eventuelle Kittreste ab, um eine vorzeigbare Oberfläche zu bekommen.

GROSSE TÖPFE ...

Füllen Sie auch hier den Riss mit Silikonkitt wie oben bereits beschrieben. Das wird aber nicht reichen, deshalb wickeln Sie ein Stück rostfreien Draht um den oberen und um den unteren Teil des Topfes, um zusätzliche Stabilität zu erzeugen. Das lässt sich wie folgt erreichen.

Erster Schritt. Bohren Sie auf beiden Seiten des Risses ein sehr kleines Loch, ungefähr einen Zentimeter vom Riss selbst entfernt einander gegenüberliegend. Wenn es ein langer Riss ist, benötigen Sie vielleicht ein weiteres Paar Löcher weiter unten, auch jeweils auf beiden Seiten des Risses.

Zweiter Schritt. Kneifen Sie Ihren Draht auf die passende Größe zurecht (das heißt, lang genug, um etwas mehr als den ganzen Umfang des Topfes zu umfassen), fädeln Sie dann ein Ende in eines der Bohrlöcher ein und drehen Sie es mit einer Zange fest, um es auf der Innenseite des Topfes zu sichern.

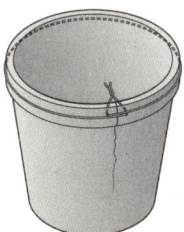

Dritter Schritt. Nehmen Sie das andere Ende des Drahtes, legen sie es um den ganzen Topf herum und fädeln sie es in das andere Loch ein, und zwar so, wie die Abbildung es zeigt. Drehen Sie es dann mit einer Zange fest, bis der Riss sich schließt und festgehalten wird. Ein Pedant könnte sich jetzt den Topf anschauen und bemerken, dass Sie ihn mit einem Stück Draht zusammenhalten, aber die meisten Leute werden es überhaupt nicht registrieren, und Ihr Topf ist wieder voll einsatzfähig.

Wie Sie ... einen zerbrochenen Blumentopf wieder zusammensetzen

Lässt man einen Riss wachsen, führt das häufig zu einem Bruch, der immer sehr viel schwerer zu reparieren ist. Sie sollten wirklich ein paar Seiten zurückblättern und das Kapitel über Risse lesen, um zu erfahren, wie man den Anfängen wehrt, aber wenn es dafür bereits zu spät ist und der Topf sauber entzweigebrochen ist und Sie alle Teile aufbewahrt haben, ist unter Beachtung der folgenden Anweisungen eine Reparatur möglich.

Erster Schritt. Bürsten Sie die einzelnen Teile sauber und achten Sie darauf, dass alle Kanten sauber und trocken sind.

Zweiter Schritt. Tragen Sie einen wasserfesten Epoxidharz-Zweikomponentenkleber auf, der zur Farbe Ihres Topfes passt, um die Einzelteile wieder zusammenzufügen. Wischen Sie Klebereste von der Außenseite des Topfes ab, sodass er schön sauber und vorzeigbar ist.

Dritter Schritt. Wickeln Sie Malerkreppband um den ganzen Topf – oben, in der Mitte und unten – um die Verbindungen zu festigen. Lassen Sie den Topf über Nacht trocknen. Als Alternativlösung können Sie den Topf in einen Behälter stellen und Sand drum herum aufschichten, um den Druck zu erzeugen, der bis zum Trocknen des Klebers nötig ist.

Vierter Schritt. Wenn Sie am nächsten Morgen nachschauen, entfernen Sie das Kreppband oder den Sand und verwenden Sie eine Rasierklinge, um behutsam Klebereste abzukratzen. Füllen Sie den Topf wieder mit Blumenerde und Pflanzen, denn jetzt sollte er wieder wie neu sein.

Übrigens: Falls der Topf in tausend Scherben zerbrochen ist, sollten Sie sich fragen, ob es wirklich die Mühe wert ist, alles wieder zusammenzufügen. Wenn Sie die Frage bejahen können, sollten Sie sich wirklich ein Hobby zulegen. Bedenken Sie auch, dass die Töpfe keine Kälte vertragen (vor allem, wenn Sie repariert worden sind). Lassen Sie sie daher während der Wintermonate oder bei Kälteeinbrüchen lieber drinnen.

Wie Sie ... einen zerrissenen Sonnenschirm reparieren

Sonnenschirme aus hauchdünnem Segeltuch oder Kunststoff beschwören den Ärger geradezu herauf. Manchmal genügt schon eine heftige Windböe oder ein besoffener Tollpatsch, der bei einer Party hineinstolpert. Wie auch immer, meistens bleibt am Ende ein Riss, der repariert werden muss.

Wenn es ein halbwegs sauberer Riss ist, der Ihren Sonnenschirm in zwei flatternde Teile trennt, lautet die einfachste Lösung, einen Flicken zum Aufbügeln zu verwenden. Den bekommen Sie in allen gut sortierten Baumärkten, in Kurzwarenläden, wenn Sie einen finden, und in all den riesigen Supermärkten vor Ort und online. Wenn Sie den Flicken gekauft haben, legen Sie den zerrissenen Abschnitt flächig auf eine Unterlage und schneiden Sie den Flicken auf die richtige Größe zurecht. Legen Sie auf der Unterseite des Schirms den Flicken über den Riss und bügeln Sie anschließend darüber, um ihn zu verschließen. Einfacher könnte es kaum sein.

Wie Sie ... ein Loch in einem Gartenschlauch flicken

Ein Loch an jedem Ende Ihres Gartenschlauches ist ganz normal und nichts, worüber Sie sich Sorgen machen müssten. Problematisch wird es, wenn überall am Schlauch Löcher und Risse hinzukommen und Wasser ausläuft. In den meisten Fällen ist dies auf den Kauf eines billigen Schlauchs ohne Schutzauskleidung zurückzuführen, sodass man sagen könnte, Sie hätten sich durch Ihre knauserige Art selbst in diese Zwickmühle gebracht. Aber dürfen wir überhaupt darüber urteilen? Stattdessen folgen hier ein paar Tipps, die Ihnen helfen sollen, die Situation zu bereinigen:

Erster Tipp. Reagieren Sie stets beim ersten Anzeichen kleiner Risse oder Löcher, bevor sie zu großen Rissen und Löchern werden, die viel schwerer zu beseitigen sind.

Zweiter Tipp. Mit einer Packung Fahrradflickzeug lassen sich die meisten kleinen Löcher flicken, vorausgesetzt Sie lesen die Anweisungen auf der Packung oder im Kapitel »Wie Sie einen Fahrradreifen flicken« sehr gründlich durch.

Dritter Tipp. Mit schwarzem, faserverstärkten Kunststoffklebeband lässt sich ein Riss flicken, sofern das Klebeband wasserdicht ist, auf einen trockenen Schlauch geklebt und eng um das Loch gewickelt wird. Dabei sollten Sie auf jeder Seite des Lochs oder des Risses zusätzlich 2,5 bis 5 Zentimeter Band einkalkulieren.

Vierter Tipp. Alternativ können Sie das lästige Loch gründlich trocknen lassen, bevor Sie einen Klecks Gummiklebstoff über das Loch verteilen und ihn trocknen lassen, bevor Sie den Schlauch wieder benutzen. Tragen Sie aber nicht zu viel Gummikleber auf, damit er nicht in den Schlauch hineinfällt und darin aus einleuchtenden Gründen eine Verstopfung verursacht.

Fünfter Tipp. Wie auch immer Sie versuchen werden, den Schlauch zu flicken, achten Sie darauf, es an einem warmen, sonnigen Tag zu tun, sodass der Schlauch Zeit gehabt hatte, sich aufzuwärmen und auszudehnen. Dieser Umstand macht den Schlauch geschmeidiger und die Arbeit erheblich leichter. Wenn die Sonne nicht scheint, halten Sie den Schlauch ein paar Minuten lang unter fließend heißes Wasser, um ein vergleichbares Ergebnis zu erzielen.

SPORT UND FREIZEIT

Sport tut Ihnen gut. So viel ist sicher. Dabei keuchen und prusten Sie, Ihre Wangen röten sich und Sie leben länger. Aber was ist, wenn Ihr Fahrrad kaputt ist, Ihre Angelrute hinüber und das Griffband Ihres Tennisschlägers indiskutabel? Sie könnten in Versuchung geraten, sich anderen Freizeitbeschäftigungen wie Skateboardfahren oder dem Lesen Ihres Lieblingsbuches zu widmen. Aber nein! Ihr Skateboard kommt kaum noch vom Fleck und Ihr Buch fällt auseinander. Na, dann sollten Sie lieber weiterlesen oder Sie werden Ihre Freizeit damit verbringen, zu fluchen und aus den falschen Gründen rot anzulaufen.

Wie Sie ... Bücher reparieren

Die meisten grundlegenden Instandsetzungen von Büchern sind ganz einfach, vorausgesetzt Sie verfügen über eine Flasche pH-neutralen Kleber (in allen guten Baumärkten erhältlich), ein scharfes Messer und eine ruhige Hand. Die gängigsten Buchreparaturen werden hier detailliert erklärt.

LOSE SEITEN WIEDER EINFÜGEN ...

Erster Schritt. Entfernen Sie behutsam die betreffende Seite und tragen Sie einen *sehr dünnen* Streifen eines pH-neutralen Klebers auf, und zwar über die ganze Länge des Seitenrands, der dem Buchrücken zugewandt ist. Das gilt für Vorder- und Rückseite. Der pH-neutrale Kleber schrumpft und reißt nicht beim Trocknen. Er bleibt dabei klar, statt einen abstoßenden gelblichen Ton anzunehmen.

Zweiter Schritt. Suchen Sie die zum Einfügen richtige Seite aus und beschweren Sie die gegenüberliegende Hälfte des Buches, sodass es nicht zuklappt. Richten Sie dann den Rand der Seite, der am weitesten vom Innengelenk des Buchrückens entfernt ist, so aus, dass die Seite mit den folgenden auf gleicher Höhe ist. Achten Sie darauf, dass die Seite so genau wie möglich passt. Halten Sie als nächstes die Seite mit einer Hand fest und nehmen Sie ein Lineal (oder einen anderen Gegenstand mit gerader Kante) und fahren Sie damit vom äußeren Rand der Seite zum Innengelenk des Buches. Mit dem Lineal haben Sie bessere Chancen, die Seite sauber einzufügen.

Dritter Schritt. Wenn die Klebekante an Ort und Stelle ist, schließen Sie das Buch und legen Sie einen schweren Gegenstand oben drauf, damit Druck auf die Seite ausgeübt wird und der Kleber besser hält. Wenn der Kleber schließlich getrocknet ist, überprüfen Sie die Ausrichtung Ihrer befestigten Seite. Wenn die Seite trotz Ihrer Bemühungen sichtbar herausragt, schneiden Sie den Überhang mit einer Schere oder einem sehr scharfen Tapeziermesser ab.

EINE ZERRISSENE SEITE REPARIEREN ...

Legen Sie ein Stück Schmierpapier unter die beschädigte Seite, um die darunter liegende Seite vor Schäden zu bewahren. Heben Sie die Hälfte der zerrissenen Seite an, sodass Sie die beiden Kanten des Risses mit Kleber bestreichen können. Achten Sie darauf, nicht zu viel Kleber dabei zu verschmieren, da er auf der Seite landen und einen unansehnlichen Fleck hervorrufen wird.

Schieben Sie beide Kanten zurück an Ort und Stelle, sodass sie flach auf dem Schmierpapier liegen und wischen Sie eventuelle Klebereste weg, die noch hervorquillen. Besonders auf das Schmierpapier sollte aus naheliegenden Gründen nicht zu viel Klebstoff laufen. Legen Sie ein Löschblatt über die Seite, um weiteren eventuell auslaufenden Kleber aufzusaugen und um die vorausgehende Seite zu schützen. Schließen Sie dann das Buch, legen Sie einen schweren Gegenstand drauf und lassen Sie den Kleber trocknen. Sobald dies geschehen ist, entfernen Sie Lösch- und Schmierpapier. Damit ist alles erledigt.

EINEN LOSEN EINBAND BEI EINEM TASCHENBUCH WIEDER ANKLEBEN ...

Es gibt eine ganze Reihe komplizierter Reparaturen für einen losen Einband und eine ganz einfache Lösung. Und da das Leben zu kurz für komplizierten Schnickschnack ist, sollten wir uns auf die einfache Version konzentrieren. Sie gilt nur für Bücher, deren Einband direkt auf den Buchblock geklebt ist. Wenn der Kleber sich gelöst hat, können Sie das Malheur folgendermaßen beheben:

Erster Schritt. Ziehen Sie eventuelle Klebereste vom Buchblock ab, tragen Sie anschließend eine frische Schicht aus pH-neutralem Kleber auf und warten Sie, bis er klebrig wird, was etwa fünf Minuten dauern sollte. Während dieser Zeit tragen Sie eine weitere Schicht Kleber auf der Innenseite des Einbandrückens auf, wo er mit dem Buchblock verklebt werden soll.

Zweiter Schritt. Drücken Sie den Einband wieder auf den Rücken des Buchblocks, bringen Sie beide Teile gut in Position, reiben Sie sie ein wenig aneinander, bis sie gut passen. Spannen Sie ein paar Gummis um Ihr Buch, um etwas Druck aufzubauen, allerdings nicht so viel, dass Sie Ihr Buch ruinieren.

DEN KAPUTTEN BUCHRÜCKEN EINES GEBUNDENEN BUCHES REPARIEREN ...

Erster Schritt. Haben Sie es mit einem beschädigten Buchrücken bei einem gebundenen Buch zu tun, bei dem die Deckel jedoch noch fest mit dem Buchblock verklebt sind, schneiden Sie sich ein Stück stabilen Stoffs, am besten Leinen, zurecht, das breit genug ist, um die ganze Länge des Buchrückens zu bedecken und kalkulieren Sie zu den Buchdeckeln hin noch jeweils einen Zentimeter ein.

Zweiter Schritt. Tragen Sie eine Schicht pH-neutralen Kleber auf eine Seite des Stoffs auf und schieben Sie ihn so zurecht, dass er sauber über dem Rücken liegt. Diesen sollten Sie, auch wenn er beschädigt ist, nicht entfernen, sondern das Stück Stoff darüber anbringen. Die zusätzlichen zwei Zentimeter liegen jetzt zu beiden Seiten des Rückens auf dem vorderen und hinteren Buchdeckel. Drücken Sie den Stoff an allen Seiten fest und wischen Sie eventuelle Klebereste ab.

Dritter Schritt. Achten Sie darauf, dass Buchrücken und -deckel richtig ausgerichtet sind, legen Sie dann etwas Schweres (z.B. Bücher) auf das reparierte Buch und lassen Sie den Kleber über Nacht trocknen, um die Arbeit zu Ende zu bringen.

Übrigens: Bei jedem anderen Mangel, oder falls es sich um ein besonders wertvolles altes Buch handelt, sollten Sie es zu einem Fachmann bringen und ihn bitten, behutsam damit umzugehen.

Wie Sie ... eine Angelrute reparieren

Die meisten Angelruten sind stabil genug gebaut, um es mit riesigen, zappelnden Fischen aufzunehmen, aber empfindlich genug, um zu brechen oder umzuknicken, wenn Sie die Angelschnur versehentlich auswerfen und sie dabei in etwas anderes als Wasser hineinrasselt. Forschungen haben ergeben, dass Angelruten zumeist am obersten Führungsring kaputtgehen. Zum Glück lässt sich ein zerbrochener Führungsring leicht reparieren. Dazu brauchen Sie Wärme, Leim und einen Ersatzring, der ja bestimmt schon einsatzbereit in Ihren Gummiüberschuhen oder was auch immer ihr Angler da draußen trägt, steckt. Wenn Sie die Teile beisammen haben, ist die Reparatur unkompliziert.

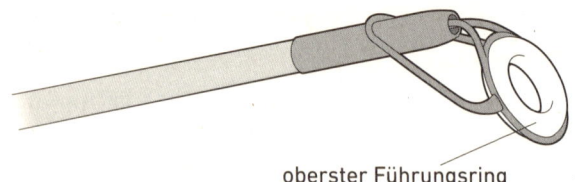

oberster Führungsring

Erster Schritt. Halten Sie ein Feuerzeug etwa zweieinhalb Zentimeter von der Spitze der Rute entfernt an die Stelle, wo der Ring befestigt ist, und erwärmen Sie sie behutsam. Achten Sie darauf, ihr mit der Flamme nicht zu nahe zu kommen oder sie zu überhitzen, weil Sie sonst die Rute selbst schmelzen, was nicht mehr rückgängig zu machen ist. Ihr Ziel hier lautet, äußerst vorsichtig den Leim, der den Ring an Ort und Stelle hält, zu erwärmen und zu lösen, dann mit einer kleinen Zange oder, falls Sie keine Zange dabei haben, mit der behandschuhten Hand am Ring zu ziehen. (Der Handschuh ist nötig, damit Sie sich keine schmerzende Brandwunde zuziehen.) Mit genügend Wärme sollte sich der Führungsring sanft wegschieben lassen.

Zweiter Schritt. Bringen Sie eine Klebepistole oder Ihr Feuerzeug zum Einsatz, um einen Heißkleber zu erhitzen. Schmieren Sie ihn großzügig über die Spitze der Angelrute und schieben Sie den Ersatzring an Ort und Stelle. Achten Sie dabei darauf, dass er auf einer Linie mit den Führungen der Rute ist. Warten Sie, bis der Ring fest sitzt, was ein paar Minuten dauern kann. Nun können Sie die Schnur wieder auswerfen, aber in Zukunft sollten Sie besser aufpassen.

Wie Sie ... lahme Skateboards und Rollschuhe in Schwung bringen

Wenn sich die Räder Ihres Boards oder Ihrer Rollschuhe langsam und schwerfällig anfühlen, sodass Sie den Eindruck haben, Sie könnten zu Fuß Ihr Ziel schneller erreichen, dann gibt
es wahrscheinlich ein Problem mit den Kugellagern. Die befinden sich in den Rädern und befestigen besagte Räder an der
Achse, und sie sammeln im Lauf der Zeit Schmutz an, der Sie
ausbremst. Dieser Schmutz muss entfernt und das Kugellager
geölt werden, damit die Räder wieder geschmeidig laufen. Hier
erfahren Sie, wie das geht ...

Übrigens sollten Sie insgesamt vier Räder haben. Sind es weni-
ger, haben Sie den Grund gefunden, warum Ihr Board so lahm ist.

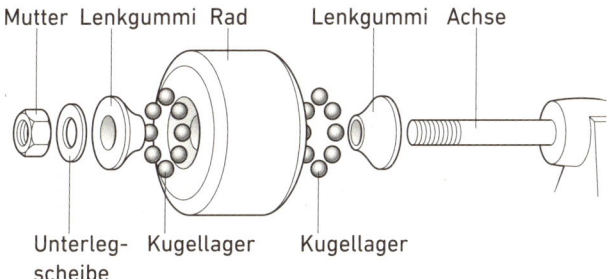

Mutter Lenkgummi Rad Lenkgummi Achse

Unterleg-   Kugellager   Kugellager
scheibe

Erster Schritt. Nehmen Sie einen Schraubenschlüssel und entfernen Sie die Mutter, die das Rad festhält.

Zweiter Schritt. Nehmen Sie mit der Spitze eines Schrauben-
drehers vorsichtig die zwei Kugellager aus der Mitte des Rades

heraus – sie sollten mit wenig Anstrengung rausgehen. Zählen Sie die Kugeln und bewahren Sie sie gut auf. Insgesamt müssten Sie sechzehn Kugeln haben, acht auf jeder Seite des Rads. Manche Kugellager laufen auch mit je sieben.

Dritter Schritt. Legen Sie alle acht Kugeln in ein Glas mit Reinigungsalkohol, schütteln Sie es kräftig und lassen Sie das Ganze zehn Minuten lang einwirken. Holen Sie die Kugeln aus dem Glas, lassen Sie sie auf einem Tuch trocknen und reiben Sie eventuell übrigen Schmutz ab.

Vierter Schritt. Fügen Sie jeder Kugel nur eine kleine Menge Schmieröl hinzu – ein oder zwei Tropfen pro Kugel sind reichlich, es muss nur gleichmäßig über jede Kugel verteilt werden. Das klappt zum Beispiel, indem Sie einige Tropfen Öl auf ein Stück Küchenpapier verteilen und die Kugeln so rundum damit einreiben.

Fünfter Schritt. Um die Räder wieder an der Achse zu befestigen, setzen Sie zuerst das Kugellager richtig herum ein, drücken Sie dann das Rad von oben nach unten, bis es mit einem Klick einrastet. Nehmen Sie das Rad, in dem das erste Kugellager bereits hält, wieder ab und setzen Sie das zweite Kugellager ein. Drücken Sie das Rad nun andersherum auf die Achse, bis es wieder klickt und das zweite Kugellager sitzt. Drehen Sie an dem Rad, um sicherzugehen, dass es wieder geschmeidig läuft. Ziehen Sie dann die Mutter wieder fest, aber nicht zu fest, sonst läuft das Rad nicht unbehindert. Es sollte weder wackeln (zu lose) noch im Lauf behindert werden (zu fest).

Sechster Schritt. Sie haben es geschafft und können jetzt ein paar grandiose Flip-Tricks oder dergleichen machen.

Wie Sie ... die Spitze eines Billard- oder Snooker-queues ersetzen

Hersteller von Billard- und Snookerqueues raten eindringlich, eine abgenutzte oder beschädigte Queuespitze, die sogenannte »Pomeranze«, von einem Fachmann ersetzen zu lassen. Aber was sollten sie auch sonst sagen? Eines jedenfalls nicht: Sofern Sie noch zwei und zwei zusammenzählen können, sind Sie durchaus in der Lage, die Spitze gekonnt selbst zu ersetzen. Und das geht folgendermaßen:

Erster Schritt. Kaufen Sie eine Pomeranze in einem ordentlichen Sportgeschäft. Sie müssen eine kaufen, die geringfügig größer als die »Ferrule« ist. Das ist die hochtrabende Bezeichnung für das »Endteil des Queues«, meist aus Kunststoff oder Messing, auf das Sie die Spitze stecken.

Zweiter Schritt. Entfernen Sie die Reste der alten oder beschädigten Pomeranze mit einer Rasierklinge und schleifen Sie die Ferrule mit grobkörnigem Sandpapier, bis Sie eine raue, aber ebene Oberfläche haben, die einen Klecks Kleber vertragen kann. Schleifen Sie jetzt das untere Ende der Pomeranze, bis sie genauso rau wie die Ferrule ist.

Dritter Schritt. Tragen Sie Kleber auf beide Teile auf, drücken Sie sie zusammen und achten Sie darauf, dass Sie die Pomeranze so mittig platzieren wie irgend möglich. Drücken Sie die Teile eine oder zwei Minuten lang fest, bis der Kleber anzieht. Lassen Sie den Queue über Nacht ruhen.

Vierter Schritt. Verwenden Sie am nächsten Morgen oder wann immer es Ihnen zeitlich passt ein Universalmesser, um sorgfältig Teile der Pomeranze, die noch überstehen sollten, zu stutzen, bis die Pomeranze auf einer Linie mit dem Queue liegt. Befeuchten Sie die Ränder der Pomeranze und benutzen Sie Schleifpapier, um der Spitze ein professionelles Aussehen zu verpassen. Sie sind jetzt fertig und bereit für das nächste Match.

Wie Sie ... das Griffband eines Tennis- oder Badmintonschlägers erneuern können

Wenn Ihre Handflächen verschwitzt, Ihre Nerven am Ende sind und Ihr Ruf in Ihrem heimischen Tennisclub auf dem Spiel steht und es zum Schluss eines Wahnsinnsspiels über fünf Sätze Matchball heißt, ist ein verschlissener Griff nicht gerade hilfreich. So weit sollte es nie kommen, jedenfalls nicht, wenn Sie sich um Ihren Schläger kümmern.

Wie es der Name schon andeutet, muss ein Griffband einen guten, sicheren Griff garantieren. Wenn es verschlissen oder sonst wie defekt ist, muss es ersetzt werden, entweder indem man das alte Band abwickelt und es noch einmal von Neuem befestigt oder indem man ein neues Griffband über das vorhandene wickelt. Letztere ist klar die einfachere der zwei Möglichkeiten und wird daher hier empfohlen ...

Erster Schritt. Kaufen Sie ein Ersatzgriffband, das Sie in jedem gut sortierten Sportgeschäft finden können. Ziehen Sie die Rückseite ab, wickeln Sie die klebrige Seite um den unteren Teil des Griffs und ziehen Sie das Band straff, damit es fest sitzt.

Zweiter Schritt. Nachdem Sie eine Umdrehung vollendet haben, halten Sie das Band so, dass es ein wenig nach oben zeigt, sich den Griff hinaufwindet. Dabei dürfte es etwa 6 Millimeter höher sein als die frühere Lage. Vollenden Sie die nächste Umdrehung und wiederholen Sie den Vorgang. Achten Sie darauf, dass jede Umdrehung so sauber und ordentlich wie möglich ist und dass dabei keine unansehnlichen Knubbel oder Lufteinschlüsse entstehen.

Dritter Schritt. Fahren Sie fort, bis Sie das Ende des Griffs erreicht haben. Um das Band zusätzlich zu fixieren, kleben Sie ein Stück hochstrapazierfähiges Klebeband über das obere Ende des neuen Griffbands, und beim Matchball dürfte nichts mehr schiefgehen.

Wie Sie ... das Griffband eines Golfschlägers erneuern können

Wenn die alten Gummigriffe Ihrer Golfschläger allmählich abgenutzt sind, wird es auch schwierig, ein Hole-in-one zu erzielen. Am besten ist es, den alten Griff abzuziehen und einen neuen anzubringen. Das ist nicht schwer, vorausgesetzt man kann Ihnen ein scharfes Messer anvertrauen ...

Erster Schritt. Sichern Sie den Schläger in einem Schraubstock und verwenden Sie dabei ein Handtuch oder, wenn Sie so eindrucksvoll ausgestattet sind, eine Gummiklemme. Schneiden Sie den alten Griff mit einem Cutter mit Hakenklinge auf. Die gebogene Klinge ist hier entscheidend, da ein normaler Cutter zu Schäden an Leib und Schläger führen könnte. Tragen Sie auch bei der Arbeit mit dem gebogenen Messer Arbeitshandschuhe, um Ihre kleinen Finger zu schützen. Sollte der Griff besonders alt sein, könnte er beim Aufschneiden zerbröseln, sodass Sie mehr Zeit und Anstrengung brauchen, um ihn restlos zu beseitigen. Kommt unter dem Griff altes Tape zum Vorschein, ziehen Sie auch dieses mit der gebogenen Klinge ab.

Zweiter Schritt. Lassen Sie Ihre Handschuhe an und reiben Sie mit dem Daumen etwas Terpentinersatz auf den Schaft, um eventuelle Griffreste zu entfernen. Es könnte eine Weile dauern, bis Sie die letzten Stückchen beseitigt haben, aber das muss getan werden, oder der neue Griff, den Sie anbringen wollen, wird nicht sitzen.

Dritter Schritt. Wickeln Sie doppelseitiges Klebeband um den inzwischen sauberen Schaft. Wenn Sie öfter golfen, können Sie sich auch spezielles Grip Tape sowie Grip Solvent kaufen, das Sie statt dem Terpentinersatz verwenden.

Vierter Schritt. Der nun grifflose Schaft steckt noch im Schraubstock? Gut. Dann achten Sie darauf, dass die Schlägerspitze nach oben zeigt und nehmen Sie den neuen Griff, der lang und hohl ist und ein Loch am unteren Ende hat (durch das der Terpentinersatz herauslaufen wird, wenn Sie gleich etwas von der Flüssigkeit in den neuen Griff gießen werden, um ihn zu schmieren). Sie müssen das kleine Loch mit dem Finger weiten und einen Schuss Terpentinersatz in den Griff schütten. Wenn Sie Ihren Finger vom Loch wegnehmen, läuft die Flüssigkeit heraus, also lassen Sie den Finger dort, wo er ist. Stattdessen schütteln Sie den Griff, damit sich die Flüssigkeit gut im Inneren verteilt und die ganze Länge des Griffs schmiert.

Fünfter Schritt. Schütten Sie nun ein wenig Terpentinersatz auf das Griffband, damit es geschmiert wird und obendrein, was entscheidend ist, damit der Kleber im Band freigesetzt wird. Stülpen Sie anschließend den Griff auf den Schaft und vergewissern Sie sich, dass dessen Ausrichtung rechtwinklig zur Schlagfläche ist.

Sechster Schritt. Schneiden Sie eventuell überstehendes Klebeband mit einem Allzweckmesser ab und säubern Sie alles mit Terpentinersatz, damit der Schläger professionell aussieht. Lassen Sie den Griff eine halbe Stunde lang trocknen, bevor sie erneut abschlagen.

Wie Sie ... Fahrradbremsen korrigieren: Erster Teil

Da haben Sie die Bescherung: Sie radeln durch die Gegend und denken an Käse oder an die Beförderung, um die Sie sich bemüht haben, als Sie plötzlich ein rotes Licht wahrnehmen. Sie denken, kein Problem, noch rechtzeitig die Bremse zu ziehen. Aber ... so ein Mist ... sie funktionieren nicht und ... ach, du liebe Scheiße ... gleich liege ich unter diesem Bus!

Vermutlich wollen Sie nicht, dass das passiert, deshalb müssen Sie Ihre Bremsen prüfen, bevor Sie sich in den Verkehr stürzen. Wenn die Bremsen versagen, liegt es meistens daran, dass die Bremse abgenutzt ist, und folglich ihr Abstand zur Felge zu groß wird, sodass sich die Bremse schlaff anfühlt. Oder der Bremskörper sitzt zu nah an der Felge, und folglich schleift die Bremse (siehe nächstes Kapitel).

Sollten Sie es mit ersterem Problem zu tun haben, finden Sie hier sowohl die schnelle Lösung für unterwegs als auch die weniger schnelle, langfristigere für zu Hause ...

Bremszug

Rückbremse

Vorderbremse

Erster Schritt. Prüfen Sie die Bremse zuerst, indem Sie vorsichtig am Bremshebel ziehen. Der Abstand zwischen Hebel und Lenker sollte dabei zwischen einem Viertel und der Hälfte des Wegs liegen. Wenn er sich weiter zurückziehen lässt, dann sind die Bremsbeläge (oder die Bremsklötze) abgenutzt oder schlecht angebracht und nunmehr zu weit von der Felge entfernt. (Wenn die Bremsklötze abgenutzt aussehen und das Ganze nicht wie eine Einstellungssache aussieht, blättern Sie zum übernächsten Kapitel. Dort finden Sie Anweisungen, wie man Bremsklötze ersetzt.)

Zweiter Schritt. Um die Felgenbremsen per Hand anzupassen, drehen Sie die Spannschraube, die sich dort befindet, wo der Bremszug auf den Bremsbügel trifft. Eine schnelle Drehung entgegen dem Uhrzeigersinn sollte den Bremszug festziehen und die Bremsbügel näher an das Rad heranbringen. Die Mutter muss nah am Bremsbügel bleiben bzw. dahin zurückgedreht werden.

Dritter Schritt. Prüfen Sie die Bremsen erneut, und wenn sich der Bremshebel immer noch zu weit zum Lenker hinziehen lässt, gehen Sie wie folgt vor. Drehen Sie die Spannschraube wieder zurück in die normale Position und suchen Sie die Mutter an den Bremszangen, die den Bremszug sichert und lockern Sie sie mit einem Inbusschlüssel. Wenn die Mutter gelockert ist, halten Sie den Bremszug fest und ziehen Sie daran, bis sich die Bremszangen (und die Felgenbremsen) der Felge des Rades annähern – die Bremsklötze sollten jetzt näher an der Felge sitzen, *sollten sie aber nicht berühren*. Drei Millimeter Abstand sind ein guter Richtwert. Achten Sie ebenfalls darauf, dass die Bremsklötze nur mit der Felge und nicht mit dem Reifen in Kontakt kommen. Sobald sie in Position sind, ziehen Sie die Schraube an, um den Bremszug zu sichern.

Vierter Schritt. Testen Sie noch einmal den Bremshebel. Er sollte jetzt richtig funktionieren. Wenn er eine weitere Korrektur benötigt, kann er mit der Drehung der Spannschraube feiner eingestellt werden.

WARNUNG!

Wenn Sie Zweifel haben, was Ihre Bremsen betrifft, oder falls der Bremszug mangelhaft oder beschädigt erscheint, fragen Sie einen Fachmann und lassen Sie ihn die Sache reparieren.

Wie Sie ... Fahrradbremsen korrigieren: Zweiter Teil

Felgenbremsen, die sich zu nah an der Felge befinden, verhindern einen reibungslosen Lauf Ihres Fahrrads und, wenn Sie wirklich Pech haben, fliegen Sie über den Lenker, wenn Sie den Bremshebel ziehen. Und das tut weh, also ...

Erster Schritt. Überprüfen Sie das Rad, indem Sie es anheben und mit der Hand drehen. Wenn die Bremsklötze an der Felge schleifen, sind sie zu eng angezogen und müssen gelockert werden.

Zweiter Schritt. Finden Sie die Schraube für die Bremseinstellung, die sich an jeder Bremse nahe der Felge befindet. Drehen Sie die Schrauben bei Bedarf mit einem Inbusschlüssel, bis sich die Bremsklötze von der Felge entfernen. Drehen Sie zur Überprüfung erneut das Rad.

Dritter Schritt. Falls die Bremsen immer noch zu nah an der Felge sind, lockern Sie die Mutter, die den Bremszug an Ort und Stelle hält, lockern Sie anschließend den Bremszug selbst mit der Hand, bis die Bremsklötze sich zu öffnen beginnen und sich von der Felge entfernen. Wenn Sie mit der Stellung der Klötze zufrieden sind, ziehen Sie die Mutter wieder fest, um sie genau in dieser Position zu halten. Testen Sie das Rad mit ein paar Umdrehungen, nur um sicher zu gehen.

Wie Sie ... abgenutzte Bremsklötze ersetzen

Mit völlig abgenutzten Bremsklötzen sausen Sie einen steilen Hügel hinunter und schreien »OMistichwillnichtsterbäääään!«, da Sie gerade festgestellt haben, dass Sie keine ersichtliche Möglichkeit zum Anhalten haben. Schauen Sie, das Problem besteht darin, dass bei jeder Benutzung der Bremse die Bremsklötze gegen die Felge reiben und ein wenig von dem Belag dabei abgenutzt wird, sodass die Bremsen mit der Zeit ihre

Wirksamkeit verlieren. Glücklicherweise haben die meisten an-geschraubten Bremsen eine hilfreiche kleine »Abnutzungsli-nie«, die Ihnen anzeigt, wann es gefährlich wird. Wenn sie bis zu dieser Linie abgenutzt sind (oder sie es zwar auf der einen Seite sind, aber nicht auf der anderen), müssen Sie sie wie folgt ersetzen:

Erster Schritt. Arbeiten Sie nur an einem Bremsklotz auf ein-mal (sodass Sie bei der Arbeit den anderen zum Vergleich an-schauen können). Benutzen Sie einen Inbusschlüssel, um die Mutter zu entfernen, die den Bremsklotz festhält. Ziehen Sie den kaputten Klotz ab und setzen Sie einen neuen ein. Das ist der wirklich leichte Teil.

Zweiter Schritt. Jetzt positionieren Sie den Klotz so, dass er ein Spiegelbild des Klotzes auf der anderen Seite des Rads ist und achten Sie darauf, dass der Bremsklotz richtig ausgerich-tet ist: Wenn Sie den Bremshebel ziehen, sollten beide Klötze die Felge direkt berühren, das heißt weder zu nah an den Speichen, noch am Reifen sein. Jeder Klotz sollte in voller Länge gegen die Felge drücken, wenn Sie bremsen, wobei nicht mehr als ein paar Millimeter der Felge darüber sichtbar sein sollten (sonst sitzt der Klotz zu weit unten). Wenn die Klötze sich schwerfällig in Bewegung setzen, schmieren Sie alle Teile des Bremszangen-mechanismus mit ein wenig Schmieröl, um die Bremse wieder gängig zu machen.

Dritter Schritt. Wenn Sie mit der Positionierung zufrieden sind, schrauben Sie die Mutter wieder an und achten Sie darauf, dass der Klotz in Position bleibt, bis sie festgezogen ist. Nehmen Sie sich dann den anderen Klotz vor und wiederholen Sie den Vor-gang, den wir gerade beschrieben haben.

Wie Sie ... ein Loch im Fahrradreifen flicken

Sie könnten einem alten Hobbybastler einen Zehner bezahlen, damit er das Loch für Sie flickt, oder aber Sie machen es gleich selbst, denn sofern Sie eine Packung Flickzeug haben, ist der Rest ziemlich idiotensicher.

Erster Schritt. Stellen Sie das Fahrrad auf den Kopf und entfernen Sie das Rad, indem Sie entweder den praktischen Schnellspanner benutzen oder die entsprechenden Muttern lösen. Eventuell müssen Sie auch die Bremse öffnen, um das Rad herauszubekommen. Verwenden Sie dafür einen Schraubenschlüssel. Ist das Rad ausgebaut, verwenden Sie Reifenheber (in Fahrradgeschäften erhältlich), um den Reifen von der Felge zu trennen – Abschnitt für Abschnitt, bis Reifen und Schlauch sich gemeinsam entfernen lassen.

Zweiter Schritt. Suchen Sie den Mantel ab, ob Sie die Ursache des Lochs finden: einen Nagel, einen Dorn, einen spitzen Stein oder etwas Ähnliches. Entfernen Sie den Gegenstand, schauen Sie ihn sich genau an, um festzustellen, ob er als Übeltäter wirklich infrage kommt und schaffen Sie ihn dann aus dem Weg. Vielleicht werfen Sie ihn einfach über den Zaun zum Nachbarn.

Dritter Schritt. Entfernen Sie per Hand den Schlauch aus dem Mantel und suchen Sie dann das Loch. Pumpen Sie dafür den Schlauch auf, weil er das Loch hat und nicht der Reifen. Wenn er aufgepumpt ist, halten Sie ihn Stück für Stück unter Wasser und halten Sie nach Blasen Ausschau. Sie verraten Ihnen, wo das Loch ist.

Markieren Sie die Stelle mit einem Kreidekreuz und rauen Sie sie mit Schmirgelpapier auf, bis die Mitte des Kreuzes ausradiert ist. Die aufgeraute Oberfläche nimmt den im vierten Schritt ins Spiel kommenden Kleber besser auf, und obwohl die Mitte des Kreuzes weggerieben ist, zeigen die verbleibenden Linien des Kreuzes immer noch auf die Mitte des Zielobjekts.

Vierter Schritt. Verteilen Sie einen ordentlichen Klecks Kleber rund um das Loch und achten Sie darauf, dass er eine Fläche bedeckt, die größer ist als der Flicken, den Sie aufkleben werden, welcher wiederum selbst groß genug sein sollte, um das Loch vollständig zu bedecken. Wenn der Kleber teilweise getrocknet ist, klecksen Sie noch etwas auf die Unterseite des Flickens, legen Sie ihn über das Loch und drücken Sie ihn ein paar Minuten lang fest.

Fünfter Schritt. Überprüfen Sie ein letztes Mal, ob es im Mantel noch irgendwelches scharfkantiges Zeug gibt und entsorgen Sie es, damit nichts zurückbleibt, was ein neues Loch verursachen könnte. Pumpen Sie dann den Schlauch nur ein bisschen auf, dass er etwas Form hat, bevor Sie ihn, mit dem Ventil nach oben, wieder in den Mantel einsetzen. Vergewissern Sie sich, dass das Ventil gerade sitzt und vermeiden Sie Knicke und Knoten im Schlauch.

Sechster Schritt. Drücken Sie mit den Fingern den Mantel wieder auf die Felge. Pumpen Sie den Schlauch ein bisschen mehr auf, um zu sehen, ob er nicht zwischen Felge und Mantel eingeklemmt ist. Setzen Sie dann das Rad wieder ein und pumpen Sie den Schlauch voll auf. Ziehen Sie den Schnellspanner wieder fest (er sollte im geschlossenen Zustand nach oben ausgerichtet sein) bzw. ziehen Sie die Schrauben wieder an. Dann radeln Sie los und feiern Sie Ihre gelungene Arbeit mit einem »krassen Wheelie«, falls Sie auf solche Sachen stehen.

EINE ALTERNATIVE IM NOTFALL

Stellen Sie sich bitte folgendes Szenario vor: Der Reifen ist so platt wie eine Flunder und Sie haben kein Flickzeug dabei. Obendrein ist der Fußweg nach Hause mit diesem unbrauchbaren Fahrrad am Hals verdammt lang. Keine Panik, denn womöglich ist Hilfe in Sicht, vorausgesetzt, Sie können ein wenig Gras auftreiben (stinknormales Gras natürlich.)

Erster Schritt. Montieren Sie das Rad ab und entfernen Sie den schlaffen Schlauch, wie oben beschrieben und bewahren Sie ihn sicher auf.

Zweiter Schritt. Stopfen Sie Gras in den Mantel, füllen Sie ihn im ganzen Umfang damit auf. Das wird etwas Zeit in Anspruch nehmen, vor allem, da Sie das Gras gleichmäßig im Reifen verteilen sollen. Wenn Sie damit fertig sind, wird das Gras für die Polsterung eines aufgepumpten Schlauchs sorgen.

Dritter Schritt. Ziehen Sie den Reifen wieder auf, schütteln Sie den Kopf und fragen Sie sich selbst, wie Sie nur auf diese Idee gekommen sind, dann radeln Sie auf Ihrem neuen Juxfahrrad in den Sonnenuntergang. Fahren Sie langsam, um eine Beschädigung der Felge zu verhindern und führen Sie eine vernünftige Reparatur durch, wenn Sie sicher zu Hause angekommen sind.

Wie Sie ... ein zerkratztes Auto reparieren

Wahrscheinlich hat irgendein Vollidiot Ihr Auto mit einem Schlüssel zerkratzt oder ungelenk mit einem Einkaufswagen Ihre Karosserie gestreift. Ja, Sie haben jedes Recht, sauer zu sein. Regen Sie sich ein bisschen auf, das kann ja manchmal auch guttun.

Letzten Endes ist es aber viel wichtiger, eine einfache Lösung für Ihr Problem zu finden. Die wiederum von der Tiefe des Kratzers abhängt.

Ein tiefer Kratzer an einem Auto kann Rost hervorrufen, falls er zunächst durch den Lack, dann durch die Grundierung und schließlich bis ins Metall hineingeht. Wenn Sie den Kratzer untersuchen und das metallische Grau am Ende sehen, schreien Sie »Fahr zur Hölle!« oder »Abscheulicher Mistkerl!« und machen Sie einen Termin in der Werkstatt, bevor das Auto anfängt zu rosten. Wenn Sie sich jedoch den Kratzer ansehen und an der tiefsten Stelle noch Farbe entdecken, können Sie den Schaden selbst beheben. Und das geht so:

Erster Schritt. Reinigen Sie die betroffene Stelle mit Seifenwasser und lassen Sie sie vollständig trocknen. Wenn sie knochentrocken ist, nehmen Sie Schuhcreme, deren Farbe in Kontrast zur Autofarbe steht und reiben Sie sie über den oder die Kratzer. Vielleicht denken Sie, das ergäbe keinen Sinn, aber Sie werden gleich sehen ...

Zweiter Schritt. Schleifen Sie den Kratzer mit Nassschleifpapier, das Sie sich von einem Autozubehörladen besorgt haben – normalerweise genügt die Körnung 2000. Tauchen Sie das Papier in kaltes Wasser, um den Halt zu verbessern und schleifen Sie den Kratzer *ganz, ganz sachte*. Arbeiten Sie mit vorsichtigen und kurzen Handbewegungen lieber in eine Richtung statt vor und zurück. Sobald die Schuhcreme verschwunden ist, haben Sie das Niveau des Kratzers erreicht (Sehen Sie, ich sagte ja, es wird noch einen Sinn ergeben), und jetzt sollten Sie das Schleifen einstellen.

Dritter Schritt. Verteilen Sie eine Schleifpaste – fragen Sie den Mann am Tresen im Autozubehörladen Ihres Vertrauens – auf ein weiches, sauberes Tuch und schleifen Sie die aufgerauten Kratzer, die noch übrig sind, in schönen, gleichmäßigen kreisförmigen Bewegungen.

Vierter Schritt. Zum Abschluss polieren Sie die Stelle mit einem weichen, sauberen Tuch, um die Reste der Paste zu beseitigen, und tragen Sie dann eine Schicht Autowachs auf, um die Stelle vor den Elementen zu schützen, und Sie sollten fertig sein, zumindest bis wieder so ein Trottel Ihre Karosserie vermasselt.

Wie Sie ... einen defekten Scheibenwischer reparieren

Sie könnten den seltsamen Riss auf einem Scheibenwischerblatt als geringfügige Angelegenheit abtun, als Bedeutungslosigkeit, die Ihnen keine schlaflosen Nächte beschert. Aber wie Sie vielleicht schon ahnen, wenn Sie deswegen dieses Buch aufgeschlagen haben, lägen Sie damit falsch.

Im besten Fall sorgt ein gerissener Scheibenwischer dafür, dass Ihr Auto den TÜV nicht übersteht. Im schlimmsten Fall verursachen die Risse Verschmierungen auf Ihrer Windschutzscheibe, sodass Sie nicht sehen können, wohin Sie fahren und eventuell im Straßengraben landen. Das wäre schlimm, also sollten Sie schnell handeln und den Scheibenwischer beim ersten Anzeichen von Verschmierungen reparieren.

Erster Schritt. Schätzen Sie bei abgestelltem Motor den Schaden an jedem Wischer ein. Sehen Sie sich auch den Wischer an der Heckscheibe an und falls Sie welche an den Scheinwerfern haben sollten, auch diese. Wenn Sie tatsächlich Risse feststellen, messen Sie die Länge der Scheibenwischerblätter aus und kaufen Sie Ersatzblätter von genau derselben Größe. Die meisten zum Kauf angebotenen modernen Blätter passen genau auf ihre Metallhalterungen, was vorzuziehen ist, da sie leichter zu befestigen sind als das Gummiteil allein, was zu einer ziemlichen Fummelei ausarten kann.

Zweiter Schritt. Heben Sie den Wischerarm von der Windschutzscheibe ab, bis er in einer vertikalen Position einrastet, sodass Blatt und Arm ein »T« bilden.

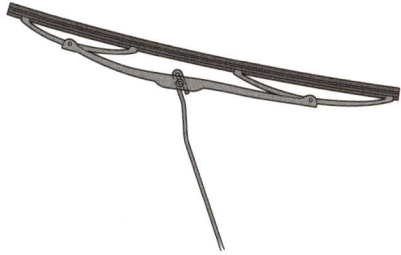

Dritter Schritt. Lösen Sie das alte Blatt, entweder per Hand oder mit einem Schraubendreher. Bringen Sie jetzt das Ersatzblatt an, indem Sie den Vorgang umkehren. Stellen Sie sicher, dass es richtig befestigt ist, klappen Sie den Scheibenwischer dann in die richtige Position. Befeuchten Sie die Windschutzscheibe und testen Sie das Blatt, um sicherzugehen, dass es wischt, wie es sollte. Wenn es das nicht tut, prüfen Sie nochmal, ob es richtig fest und in der richtigen Position sitzt.

Wie Sie ... einen Reifen wechseln

Auch bekannt unter »Wie man ein Ersatzrad am Straßenrand wechselt, statt einen ölverschmierten Facharbeiter anzurufen, der ewig lange braucht, um aufzukreuzen und der Ihnen eine Menge Geld für eine Arbeit von zwei Minuten abknöpft«. Wie Sie sehen werden, ist es recht simpel, wenn auch ganz schön kompliziert ...

Erster Schritt. Wenn Sie feststellen, dass Sie einen Platten haben, schalten Sie in den Rentnermodus (knappe 10 km/h), um dem Rad möglichst wenig Schaden zuzufügen, und halten Sie an einem sicheren Ort an. Stellen Sie den Motor ab, schalten Sie die Warnblinkanlage ein und ziehen Sie die Handbremse an. Wenn Sie eine Handschaltung haben, legen Sie den Rückwärtsgang ein. Ist Ihre Gangschaltung automatisch, stellen Sie sie auf »P« (Parkstellung).

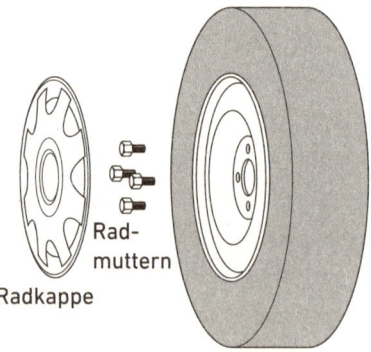

Rad-
muttern

Radkappe

Zweiter Schritt. Entfernen Sie eventuell vorhandenes Gepäck und bitten Sie Ihre Mitfahrer auszusteigen, um die Ladung leichter zu machen. Stellen Sie außerdem ein Warndreieck auf und ziehen Sie die Warnweste an.

Dritter Schritt. Finden Sie Ihr Ersatzrad (normalerweise befindet es sich im Kofferraum und sollte voll aufgepumpt sein) und die wichtigsten Werkzeuge, die Sie brauchen – Radmutterschlüssel / Radkreuz, Wagenheber und das Handbuch für Ihr Auto. Nehmen Sie als Erstes die Radkappe ab – entweder mit einem Schlitz-Schraubendreher oder, im Notfall, mit einem robusten Schlüssel.

Vierter Schritt. Benutzen Sie den Radmutterschlüssel und drehen Sie die Radmuttern eine halbe Umdrehung entgegen dem Uhrzeigersinn. Das genügt, um sie zu lockern. Schrauben Sie sie in diagonaler Reihenfolge ab, damit die Schrauben nicht verkanten. Schrauben Sie also eine ab und anschließend die diagonal zu ihr platzierte und anschließend die anderen beiden. Wenn die Muttern besonders unbeweglich sind, benetzen Sie sie mit etwas Öl und warten Sie ein paar Minuten.

Fünfter Schritt. Ihr Handbuch sollte Ihnen den sichersten und stabilsten Hebepunkt an Ihrem Auto nennen. Halten Sie sich an das Buch und bocken Sie mit dem Wagenheber das Auto so weit in die Höhe, dass die Karosserie angehoben ist, aber das beschädigte Rad noch die Erde berührt. Schieben Sie dann das Ersatzrad unter die Karosserie, sodass es den Schlag zumindest dämpft, falls das Auto vom Wagenheber rutschen sollte. Bocken Sie das Auto weiter hoch, bis der platte Reifen sich vom Erdboden abhebt, schrauben Sie dann die Radmuttern paarweise in diagonaler Reihenfolge ab und bewahren Sie sie sicher auf.

Sechster Schritt. Entfernen Sie das Rad, das schwer und ölverschmiert ist und auf dem vielleicht Reste von totgefahrenen Tieren kleben. Legen Sie es als Dämpfer unter den hochgehobenen

Schweller des Autos, nachdem Sie natürlich zuerst das Ersatzrad weggenommen haben. Stecken Sie den guten Reifen an die Radnabe, mit der richtigen Seite nach vorn und bringen Sie die Radmuttern wieder in diagonaler Reihenfolge an. Vorerst genügt es, wenn Sie sie mit den Fingern festdrehen. Wenn die Schrauben handfest angezogen sind, benutzen Sie den Wagenheber, um das Auto herunterzulassen, bis der Reifen gerade so den Boden berührt. Ziehen Sie die Radmuttern jetzt mit dem Radmutterschlüssel ordentlich fest (wieder überkreuzt) und bringen Sie die Radkappe wieder an.

WARNUNG!

Es ist wichtig, dass Sie Ihr Ersatzrad genauso sorgfältig überprüfen wie die täglich im Einsatz befindlichen Räder und um für einen Radwechsel vorbereitet zu sein, den Sie womöglich in ziemlich misslichen Situationen vornehmen müssen. Machen Sie sich mit dem Aufbewahrungsort des Wagenhebers, des Ersatzrads und des Werkzeugs für die Radmuttern vertraut, bevor Sie sie benutzen. Vergewissern Sie sich, dass Sie sowohl einen Radmutterschlüssel als auch ein aufgepumptes Ersatzrad haben. Sie sollten auch wissen, wo sich das Felgenschloss (und der Schlüssel) befindet, falls Ihr Auto eines hat.

Falls Sie anstatt eines richtiges Ersatzrads ein Notrad besitzen: Die haben die Funktion, Platz zu sparen und Sie nach Hause bzw. zur Werkstatt zu bringen, sollten aber nicht für längere Zeit gefahren werden. Viele der Platzsparer dürfen nicht über 80 km/h gefahren werden: Schlagen Sie im Handbuch für Ihr Platzsparrad oder für Ihr Fahrzeug nach, um konkrete Details zu erfahren.

Siebenter Schritt. Legen Sie den kaputten Reifen in den Koffer-raum, lassen Sie das Auto wieder herunter und entfernen Sie den Wagenheber. Stopfen Sie wieder Gepäck und Leute ins Auto, schauen Sie in den Spiegel, setzen Sie den Blinker und fahren Sie los. Mist, jetzt haben Sie Ihr Warndreieck auf der Straße stehen lassen!

DANK

Vielen Dank an die Belegschaft von Michael O'Mara, insbesondere an Hannah Knowles für ihr geduldiges Lektorat angesichts
unsinniger Anweisungen. Mein Dank gilt auch Toby Buchan, Ana
Bjezancevic, Ana Sampson und Florence Hallett. Ohne euch alle
würde dieses Buch nicht existieren, und die Leute würden ge-
langweilt auf ihre Handflächen starren.